HADA MARÍA MORALES

ATRÉVETE a ALCANZAR el ÉXITO

GRUPO NELSON
Una división de Thomas Nelson Publishers
Desde 1798

NASHVILLE   DALLAS   MÉXICO DF.   RÍO DE JANEIRO   BEIJING

ISBN-10: 0-89922-023-1
ISBN-13: 978-0-89922-023-9

Impreso en Estados Unidos de América

2ª Impresión

CONTENIDO

Primera parte

Segunda parte

Tercera parte

INTRODUCCIÓN

¡Luces, cámara, acción!, no precisamente

Si solo se tratara de una obra de teatro o una escena de la televisión, que si no sale bien puede repetirse una y otra vez, no habría problema; pero una entrevista de trabajo —sin estar lejos de una obra en escena—, es real, en vivo y no hay chance de repetirla.

Quiero decirte también que si estás dispuesto a atreverte a alcanzar el éxito y no solo a alcanzarlo a través de las metas que te has fijado sino de caminar con él, este es el libro que debes atesorar en tu corazón y ponerlo en práctica.

El éxito no siempre está relacionado con bombos y platillos, ni mucho menos con luces, cámara y acción aunque a veces lo logramos sin luces, ni cámaras. Nuestra vida y la de los seres que amamos dependen de nosotros, no hay otra manera de conquistar el éxito sino siendo atrevidos.

Creo que si el día que fui a solicitar el empleo que tengo hoy, mi primero y único empleo en esta tierra de oportunidades, hubiese estado ahí algún canal de televisión con sus cámaras y sus luces, al verme entrar tan desorientada hubiesen recogido sus equipos, levantado campamento y se habrían perdido la parte más emocionante: la acción; pues eso exactamente fue lo que hice esa tarde, actuar con valentía para tomar lo que ya Dios había dispuesto para mí.

Asume este tipo de actitud, hay millones de seres humanos que son exitosos y nunca han posado para revistas ni comparecido en un show de televisión, pero llevan sus vidas con principios firmes y dispuestos a caminar luchando y ganando terreno.

Es cierto que estoy muchas veces bajo las luces y las cámaras de las cadenas de televisión orientando a los televidentes sobre asuntos laborales o hablando sobre mis libros, pero cuando dan la orden de acción yo ya he estado lista desde hace mucho tiempo. He venido actuando desde hace rato bajo la luz de el Santo Espíritu y bajo la cámara de quien lleva mi vida encaminada a que se cumpla su propósito, mi Señor y Salvador.

Quiero contarte la forma en que realizo los planes que Dios ha puesto como metas para mi vida:

Está compuesta de cuatro elementos vitales que debo seguir al pie de la letra, pues uno no puede dar frutos sin la participación de los otros tres.

Creo con todo mi corazón que Dios pone en mí, de su parte, los dos primeros:
La visión y la misión.

Y de mi parte:
La obediencia y la perseverancia.

De estas dos últimas la perseverancia es la que a veces me demanda más.

Creerle a Dios no se me ha hecho difícil, obedecerle tampoco, pues sé que cuando Él pone algo en mi corazón está destinado al éxito si, y solo si, PERSEVERO.

Así que mi querido lector, no siempre es asunto de luces y cámaras, pero sí de ACCIÓN.

¡ACTÚA!

DEDICATORIA

Soy un ganador

Este libro va dedicado a ti que te has cansado de probar de diferentes maneras para lograr tus metas. Está pensado con el único propósito de que hagas un alto en el camino, examines tus pensamientos, acciones, logros y frutos, y te decidas a vivir de otra manera. La manera triunfante.

¿Cómo hacer eso? En paz y con nuevos bríos.

Deja de una buena vez la idea tan complicada de que para ser ganador hay que hacer malabares y piruetas como las de un circo.

La vida nos la complicamos por esa manía de querer darle algún tipo de «glamour», pero en realidad —como suelo concluir mis segmentos de radio semanales aconsejando para prepararse para una entrevista de trabajo—: «El éxito solo es cuestión de actitud».

Una actitud dispuesta a cruzar el río, así sea en bicicleta, a caballo, nadando o tal vez un ratito a pie y otro andando.

En este libro podrás encontrar de manera amena sugerencias que tomarás o no para poder vivir de una manera más activa, viva, ¡sin necesidad de hacer tantos malabares!

¡Anímate, lee y vive!

PRIMERA PARTE

¿Por qué necesito un empleo? 1

Trabajar es una de las actividades que de alguna manera identifica al ser humano, sin embargo, lo que establece la diferencia entre los individuos es la motivación para realizar tal actividad.

Desde niños percibimos en cierta forma, y quizás porque vemos cómo se desenvuelven los adultos que nos rodean, que algún día tendremos que realizar una tarea y que nos pagarán por ello. Lo cual implica que pasaremos muchas horas del día fuera del cómodo entorno hogareño del que disfrutamos en nuestra infancia, pero eso es parte de convertirnos en adultos.

Cuando pienso en la manera poco gratificante en que millones de personas pasan esas ocho horas, más dos o tres extras que dedican a prepararse para viajar hacia su centro laboral —al que realmente van como que si las condujeran a un paredón de fusilamiento—, sin contar las muchas que DEBEN quedarse en la oficina, simplemente ¡me espanto!

El trabajo no solo debe darnos satisfacción financiera para pagar todas nuestras cuentas sino también para poner el pan en la mesa, pues no conozco a nadie que se sirva chuletas de aire con rodajas de queso de viento y quede satisfecho. Sin embargo, hay otros factores muy importantes, entre los que se cuenta la satisfacción personal al realizar el trabajo. Por ello, además de prepararnos académicamente debemos acondicionarnos emocionalmente para que esas horas fuera de casa nos retribuyan no solo en dinero sino en paz y gozo.

Algo posible de lograr si tomamos en serio la decisión de realizar un trabajo que nos brinde satisfacción. Me incomoda definir el trabajo como un castigo. Los que así lo ven están constantemente deseando que llegue el viernes. Claro que ese día es lindo para estar con su familia, en casa disfrutando de actividades diferentes; pero si uno solo vive ansiando el viernes, algo no está bien y debe considerarlo para buscar la manera de resolver ese ¡virus del viernes!

Con dolor en mi corazón escucho a menudo, más de lo que se imagina y de lo que yo deseo escuchar, a personas expresándome cosas como lo siguiente:

«Ay, Hadita, si se pudiera poner en mi lugar. Cada mañana cuando pienso que debo ir a mi trabajo me da náuseas y me pongo tan nerviosa que hasta vomito».

Yo lloro por dentro...

Muchas de ellas son personas llenas de miedo, que no conocen el valor del amor de un Dios que nos cuida y que se preocupa por nosotros. El mismo que no permitirá —aunque haya que ganarse el pan con el sudor de la frente—, que te vayas muriendo por dentro ni que te deteriores físicamente. Claro que no se quedará inerte, pero antes tienes que clamar a Él por ayuda. Él no quiere dejarte desamparado. Eso no está en sus planes. Seguro.

Reitero, la razón más común por la que uno necesita un empleo es porque obviamente sin dinero no se puede pagar la casa, el auto, la luz, el teléfono, los alimentos, la ropa y mucho más. No obstante no siempre las personas buscan y NECESITAN un empleo solo por el dinero sino por razones como estas:

Desean, por ejemplo, crecer como seres humanos. Muchos tienen talentos preciosos que si no los utilizan se van secando y cuando logran combinarlos con una actividad laboral remunerada convierten esa relación en el vínculo que los ata a ese empleo que han buscado con verdadero cuidado.

Otros necesitan ser reconocidos por lo que hacen. Se preparan académica y mentalmente para integrarse a la fuerza laboral. Les encanta que los llamen por su título, por ejemplo: «Doctor Fulanito», «Ingeniero Zutano», «Reverendo Manolito», etc. Esa es su motivación para obtener un empleo. Es bueno que puedan desarrollarse y ser de bendición para los demás...

Hay los que sueñan con tener el garrote en la mano. ¡Dios nos libre de ellos! Y de que los hay, los hay. Conozco a algunos que todo el día se la pasan pregonando que trabajan porque simplemente se aburren en casa, son arrogantes. Y si tienen autoridad sobre otros es algo terrible, cada día tienen un conflicto con uno de sus subalternos pues son tan acomplejados que todo, absolutamente todo lo toman personal. Su verdadera motivación es sentirse llenos y plenos de autoridad y se desplazan por la oficina rociando su veneno.

Otros necesitan un empleo que los relacione porque llevan dentro de sí una gran habilidad para trabajar con el público. Les gusta ese tipo de trabajo, a veces bajo presión, y se desarrollan muy bien lidiando con un arco iris de personalidades y asuntos que resolver. Son ideales en secciones o departamentos de servicio al cliente.

Hay otros, y creo que las amas de casa cabemos en este rango... que deseamos ser independientes. No queremos estar todo el tiempo con la mano extendida para todo y cuando encontramos un trabajo —que es como si lo hubiesen diseñado para nosotras y además nos pagan un buen salario, beneficios y con un horario que no afecte a la familia—, creemos que nos lo merecemos.

Sin embargo, para saber realmente por qué necesitamos tal o cual empleo debemos comenzar con una autoevaluación. Me sorprende que personas de mediana edad, como su servidora, estén asfixiadas realizando actividades laborales para las que no están capacitadas. Actividades que les causan ansiedad y que les producen tristeza. Me pregunto, y les pregunto: ¿Piensan seguir así por los próximos años hasta que les llegue el tiempo de la jubilación?

Sé que todo comienzo requiere experimentación, pero todo tiene su límite. A mis hijos les digo siempre que cuando vayan a elegir su carrera universitaria —que a fin de cuentas será el «motor» de sus horas de trabajo— deben considerar que tengan habilidades para ello, que les guste y que sea bien remunerada. Pienso que han meditado en mis consejos ya que los he visto autoanalizarse, pues no solo es la remuneración lo que cuenta, sino el hecho de sentirse motivados día a día para levantarse y prepararse para realizar esa actividad laboral.

¿Que surgen dificultades? Por supuesto, aunque sea el empleo ideal. «Estamos en el mundo», pero cuando uno ama lo que hace encuentra las maneras de superar los escollos.

Muchas personas me dicen que yo pienso así porque trabajo y viajo una hora por la mañana y otra por la tarde, aunque en un tráfico de locos. Inclusive he oído comentarios de que yo económicamente no necesito ese trabajo y que hay otros que lo necesitan más que yo. Solo me río pues, si bien es cierto que no soy el sostén de mi hogar, también sé que Dios me ha dado habilidades específicas y la oportunidad de servir a los demás a través de mi trabajo. Y para mí esa es la motivación más relevante. Si bien es cierto que me toca estar en pie cada día a las cinco de la mañana, me siento feliz pues tengo la oportunidad de combinar mi actitud mental y mi preparación académica con la pasión en mi corazón por servir a los demás, y además que por eso me paguen un buen salario más beneficios ¡es excelente!

Esto, amado lector, que Dios me ha dado es lo que deseo para ti. Que la respuesta a tu pregunta de por qué necesitas un trabajo sea:

✔Porque tengo la actitud mental correcta.

✔Porque las habilidades y el entrenamiento académico que poseo es ideal para ese empleo.

✔Porque este empleo me da la oportunidad de desarrollarme como persona y como profesional.

✔Porque satisface mis necesidades emocionales y financieras.

TODOS necesitamos realizar una actividad laboral, pero NO debemos conformarnos con poco o algo para solo sobrevivir. Te recuerdo que son demasiadas horas de nuestras vidas las que están en juego. Tú y yo tenemos la opción de que sean productivas, no solo financiera sino emocionalmente.

Ahí te lo dejo, piensa en ello y actúa.

2

Cómo reaccionan las personas ante el desempleo

La mujer ante el desempleo

No es lo mismo que un hombre pierda el empleo a que lo pierda una mujer. Y esto lo he podido comprobar debido a mi experiencia laboral, pues muchas veces vienen juntos —el esposo y la esposa— a mis seminarios en busca de trabajo. ¿Por qué esa diferencia? La misma historia de la mujer nos deja saber que nosotras tenemos actitudes mucho más positivas que el hombre y somos mucho más emprendedoras y todo ello debido a lo que nos ha tocado vivir.

A diferencia de la mujer, el hombre casi nace con poder, goza de más comodidades que la mujer. La sociedad le facilita la vida al hombre, además culturalmente cree que él no puede estar sin empleo, pues uno de sus papeles más importantes como hombre es el de proveedor.

La posición que la mujer tiene hoy le ha costado, ella no ha nacido con poder y lo que ha logrado lo ha peleado prácticamente. Cada día tiene que luchar, trabajar en estado de gravidez, luchar por sus beneficios, trabajar así esté enferma y todo el tiempo resolviendo.

La mujer hace cualquier cosa para buscar el sustento de su familia porque tiene mayor actitud de sacrificio, es más creativa, más dinámica, tiene más paciencia, es reflexiva y busca alternativas. Si no lo crees, cuando tengas tiempo dedícate a leer sobre la vida triunfante de muchas mujeres que con su esfuerzo han abierto las puertas a la mujer de hoy.

El hombre ante el desempleo

El hombre ante esta situación de desempleo muchas veces reacciona deprimiéndose, sumergiéndose en el alcohol, el juego, la inercia, altera su régimen alimenticio, sube de peso y se le dispara la presión. Se dice que el trabajo es una fuente de estrés, pero no tenerlo es una avalancha. El hombre experimenta una sensación de impotencia y ansiedad que le causa insomnio y como consecuencia se le obstaculiza la visión. Eso le impide explorar las opciones que puedan estar frente a él.

La mujer ante el desempleo hace cualquier cosa por llevar el sustento a su familia porque:

✓Tiene más actitud de sacrificio
✓Es más creativa
✓Es más reflexiva
✓Es más optimista
✓Busca alternativas
✓Todo lo que ha logrado en el campo laboral lo ha peleado

El hombre reacciona ante el desempleo de manera muy diferente a la mujer por la posición de poder, comodidad y su papel de proveedor:

✓Deprimiéndose
✓Sintiéndose impotente ante una realidad que no puede manejar
✓Estados de ansiedad
✓Insomnio
✓Muchos se sumergen en el alcohol
✓Todo esto le obstaculiza la visión y le impide explorar alternativas.

El desempleo y el estrés 3

Basta con pasar unas dos jornadas de ocho horas en mi oficina del desempleo, donde día a día batallo desde el mismo frente ayudando al desempleado con recursos disponibles en la búsqueda de un nuevo empleo, para evaluar sin tanta complicación el estrés que las personas experimentan durante ese tiempo sin un trabajo seguro y bien remunerado. Sé que sabes de lo que estoy hablando porque lo has vivido o lo estás viviendo.

Si bien es cierto que mi trabajo es una labor social en la que me pagan por mis servicios como empleada del Departamento del Trabajo de la ciudad donde resido, no puedo solamente quedarme en mi posición de servidora pública y ocultar mi sensibilidad y solidaridad con todos y cada uno de aquellos que llegan a mi pequeña oficina en busca de un recurso para llevar el pan a su mesa. Debo también ayudarlos levantándoles el ánimo y demostrándoles que entiendo su situación. Debo contribuir con ellos poniendo todo de mi parte, con opciones de trabajo y con palabras de ánimo.

He visto el resultado en las personas atendidas muy «profesionalmente» pero sin establecer puentes con ellos y en las que son atendidas con profesionalismo y una dosis de: «Entiendo lo que te pasa, haré todo lo posible por ayudarte, esta es una situación pasajera y saldrás adelante». Sus rostros se relajan y su disposición para recibir la información de los empleos mejora, además son más receptivos a escuchar y poner en práctica los consejos que les ayudarán a superar rápido el trance.

No solo es el hecho de haber perdido el trabajo lo que molesta, sino el efecto terrible que ello causa en la vida del desempleado y de sus familias. La indiferencia no tiene lugar aquí. Son seres humanos desesperados. Sin trascender de la posición de empleado público, puedo ayudarles a que tengan conciencia de que deben batallar no solo con las cuentas sino con el estrés que obviamente eso les produce.

No sé por qué, pero casi siempre tengo el privilegio de ubicar en posiciones a los más difíciles de emplear y, en esas vueltas de la vida, me los encuentro tiempo después. Algunos me dicen que guardan en su corazón las palabras que no solo fueron instrucciones y opciones de empleos sino de aliento y valor para tomar el toro por los cuernos y ponerse en pie para seguir adelante y ¿saben qué? Muchos aún están en los trabajos a los cuales los referí o en posiciones mejores. Eso se debe solamente a un toque en su cambio de actitud.

Muchas son las cosas en la vida del ser humano que le causan estrés, pero una de las más comunes y serias es cuando pierde el empleo. Es como si le movieran el piso.

Hemos visto el efecto tremendo que causa la pérdida del empleo, pero no queda otra cosa que afrontarla y trabajar para evitar que el estrés nos conduzca a la depresión. No debemos dejarnos abatir al punto de que no solo perdamos el empleo sino hasta a nuestra propia familia. No, no invento. Veo eso casi todos los días, les hablo con mi corazón y desde mi posición ayudando a las personas a superar esta etapa del desempleo.

Pero, ¿qué hacer?

En primer lugar, evita juntarte con personas en tu misma situación. Evade estar comentando a cada minuto lo triste y miserable que te sientes por haber perdido el empleo. Eso solo minará tu terreno con frustración y hará las cosas peores. No lo dudes.

Levántate todos los días como que si ese, en particular, va a ser uno especial. Llena tu corazón y tu mente de palabras con poder. NO te quedes en la cama ni para pensar, las cobijas se pegan.

Practica algún ejercicio o simplemente una caminata vigorosa de unos cuarenta minutos. Esto tan simple causará en ti efectos fabulosos a pesar de estar desempleado. Sí, a pesar de eso, lo necesitas.

Aliméntate bien, preocúpate por buscar información sobre alimentos saludables y que te den energía. Evita la comida chatarra que solo te inflará y contaminará.

Duerme bien, tómate un té de tilo, un vaso de leche caliente. Desvelado no podrás pensar, y por estar con los ojos abiertos toda la noche o devorándote cuanto programa haya en la televisión tu ansiedad no disminuirá, será peor. Debes estar descansado para pensar tus estrategias y salir cada día lleno de energía.

Observa tus hábitos de aseo personal como si cada día fueras a impresionar a alguien con tu apariencia. El primero al que debes causar una buena impresión es a ti mismo y, créemelo, esto se proyecta a los demás. La ansiedad combinada con un cuerpo literalmente peleado con el agua y el jabón es terrible.

No te conviertas en un estudioso de las estadísticas de desempleo ni devores los noticieros de la noche ni los periódicos sino para buscar la sección de empleos disponibles.

Mantente en contacto con las oficinas de empleo y con amigos o miembros de tu familia que te provean información y te den ánimo. Evita a toda costa los murciélagos emocionales.

Obviamente no eres el único, pero de ti depende si te mantienes en pie hasta el próximo empleo o si te hundes en un mar de tiburones contaminado por el desánimo, la autocompasión y como principal detonante ¡el estrés!

Tú decides…

Conócete a ti mismo 4

Siempre les he dicho a mis hijas que dos de las decisiones más importantes que deben tomar en su vida son: Qué carrera van a estudiar y con quién se van a casar. Estas elecciones son determinantes pues alterarán positiva o negativamente sus vidas. No menos importante es el lugar donde quieran trabajar y para ello deben en primer lugar conocerse a sí mismas tanto como sus puntos fuertes y débiles.

A veces soñamos con posiciones laborales para las que no estamos calificados o no contamos con las habilidades para desenvolvernos en ellas, y por eso vivimos frustrados, pero ¿debe esto ser así? ¿No hay salida? Claro que la hay. Y la única manera es estar consciente del «capital» de talentos y preparación con que contamos, incluyendo si tenemos vocación para desenvolvernos exitosamente.

¿Cómo es eso? Muy sencillo. Empieza como cuando vas a escribir la lista de deseos para las navidades. Esta casi siempre es interminable, pero si somos compradores sabios iremos poquito a poco eligiendo hasta que la lista se reduzca a las cosas verdaderamente prácticas y de calidad.

De igual manera tienes que elaborar una lista de los trabajos con los que has soñado. Pregúntate cuáles son tus ambiciones, al mismo tiempo averigua cuáles son las calificaciones requeridas para esa posición. Sugiero que te sometas a un test de habilidades, y con los resultados en las manos compares si los requisitos para el trabajo de tus sueños son compatibles con tus habilidades y preparación. Hoy en día, con las facilidades que nos da el internet, podemos buscar estas pruebas o bien conversando con consejeros laborales o de las escuelas.

No me cansaré de repetir el dolor que me causa imaginarme a esos millones de personas que cada día se levantan pesimistas y casi como que si van al patíbulo y no a su lugar de trabajo que les provee el sustento de cada día. Una de las razones más comunes es que están trabajando en algo que odian porque no tienen las habilidades y la preparación necesarias para laborar efectivamente y con alegría.

Es muy probable que en ciertas ocasiones para salir adelante nos veamos obligados a trabajar en horarios y empleos que no son de nuestro completo agrado, pero esto DEBEMOS tomarlo como una situación pasajera y no desanimarnos hasta estar listos para una posición mejor remunerada con miras a mejorar de salario y posición. ¿Que requiere sacrificio? En muchos casos sí, pero el precio vale la pena pagarlo y este es el caso típico de aquellos valientes que no se dejan «achantar» y se ponen a estudiar con el propósito de superarse y encontrar de acuerdo a su preparación y destrezas el trabajo de sus sueños.

¿Un sueño? No, tú también puedes lograrlo, pero primero haz la tarea: conócete a ti mismo.

Piensa como empleador 5

Ponte en los zapatos del empleador

Aunque el mundo esté casi al revés y pensemos que los valores se han mudado del planeta tierra, ¡sorpresa! Todavía los empleadores buscan personas con principios y cualidades como honestidad, entusiasmo y que demuestren un potencial que beneficie a la compañía.

No te engañes, a veces las cualidades a «futuro», el potencial, cuentan mucho a la hora de elegir un empleado. Puedo dar fe de eso: cuando solicité el trabajo que tengo ahora, al mismo tiempo optaban otras personas con más experiencia y preparación que la que tenía una simple ama de casa con estudios universitarios, un libro publicado, experiencia como activista comunitaria y una maestría en escobas y cazuelas: ¡yo! Pero los miembros del panel de entrevistadores pudieron «olfatear» el potencial que yo tenía, el entusiasmo y la determinación de aprender para hacer de esta posición una vocación de servicio y de beneficio para la organización. Por ello me dieron la oportunidad, no lo digo con soberbia ni para que me aplaudan sino como algo que suele suceder y lo cual debes tomar en serio.

El empleador se fija en muchas cosas que tú ni sospechas, así que es mejor que no dejes al azar algunas cositas que te ayudarán a pensar seriamente como un empleador y dejar la mentalidad mediocre de pensar como un triste desempleado.

Cuando te llaman para una entrevista de trabajo asiste a ella
pensando que vas a una junta de negocios y ¿por qué esto tan
calculado? Porque el empleador está viendo en ti una
inversión. ¿Una inversión? ¡Sí! Él no desestima ese momento
de estar frente a frente para calcular los beneficios que
aportarás a la empresa, pues él estará invirtiendo en ti dos
elementos muy valiosos: tiempo y dinero; ¿o es que no te has
puesto a pensar que el entrenamiento tiene un alto costo para
las compañías? Pues si no lo habías pensado, es hora de que
lo pienses.

Además de tus cualidades profesionales, él está buscando una
persona que sea cumplida; por ello, como regla de oro, ni te
expongas a llegar tarde a una entrevista de trabajo, pues la
puntualidad es una de las cualidades que el empleador valora.
Busca una persona confiable, si lo que dice en tu resumé no
respalda tus palabras y experiencia pues está plagado de
mentiras, no te arriesgues a pasar un rato tan desagradable, la
honestidad es otra cualidad importante que busca el
empleador.

No hables de más, él no te contratará para que le indiques qué
hacer con su empresa. Solo en el caso de que te ponga
situaciones para resolver, entonces ofrece tu punto de vista, de
lo contrario permanece con tus oídos alerta y tu lengua
apagada hasta que sea el momento de hablar; el empleador
busca personal inteligente, que sea prudente.

Hay cierto tipo de entrevistas que te pondrán relajado, ¡ojo! El
empleador probablemente querrá saber mucho más de ti, pero
¿sabes qué? Toma el control del asunto, sé sabio, cuidado con
hablar mal de alguien. Así haya sido un jefe tóxico, el
empleador busca trabajadores leales, no quiere ni imaginarse

que pondrá en su planilla a alguien que habla horrores del jefe anterior y que él y su empresa estarán en riesgo de correr la misma suerte. El empleador busca personal dinámico. Personas capaces de acoger como propia la visión de la compañía.

El empleador quiere tener como parte de su empresa a personas cuidadosas, por eso si asistes a la entrevista sin asearte y mal presentado, con seguridad que recibirá el mensaje de que si no eres capaz de cuidar de ti, lo mismo harás con la compañía. Parece irrelevante, ¿verdad? Pero no lo es.

Si el entrevistador ve que le pides permiso a un pie para mover el otro y que el concepto de iniciativa brilla por su ausencia, esa será la primera y única entrevista con esa compañía. Nadie quiere perezosos en sus filas. ¿Un jactancioso? Ni de chiste. Un maleducado menos. Y un irritable, ni que hablar. Estos aspectos los toma en cuenta el empleador, nadie quiere una manzana de la discordia entre su gente.

Estas son solo algunas de las cositas que tienes que poner en tu memoria y en tu nueva actitud pensando como empleador, no creas que porque tienes mil títulos universitarios y hablas con elocuencia o vistes ropa muy fina es suficiente para impresionar, todavía hay seres humanos que no solo se llevan por el brillo de las apariencias sino que también quieren invertir en personas con valores y que piensen como empleadores y no como alguien que está ahí por un sueldo.

¿Que si pueden reconocer estas cualidades? Ni lo dudes. Las están buscando y no en vano están ahí en esas posiciones de autoridad y responsabilidad.

Sé tú mismo, ámate 6

Esta es una frase muy común, sobre todo entre los conquistadores, aquellos que ponen la bala donde fijan la mira. Sin embargo, para ser uno mismo primero tenemos que conocernos a nosotros mismos, ser honestos y reconocer nuestros puntos fuertes tanto como los débiles.

Así como no creo que haya personas que son la virtud andando, eso que llaman «un dechado de virtudes», tampoco creo que haya las que solo tengan defectos. A veces es un asunto de mercadeo... la mala fama nos la creamos nosotros mismos por nuestros complejos. Eso, tristemente, es lo que los demás captan de nosotros y, por lo tanto, lo que se dice de nosotros. ¿Qué te parece como funciona tu propia agencia de publicidad?

Sin excepción alguna, Dios nos dio talentos a cada uno de los seres humanos. La diferencia es que muchos no los han descubierto ni aprovechado para el bien propio ni el de los demás. No es nada más que eso. Una autoestima miserable hará a su portador miserable y, por ende, la hará igual para los demás. Que no te quepa la menor duda.

De ninguna manera me estoy uniendo a los arrogantes, sino que me uno y soy parte del ejército de personas con una estima personal sana y segura en Cristo, y que consciente de que ni por más talentos que posea caeré en la arrogancia, ya que estoy muy clara en cuanto a que esos talentos son solo la herramienta para no ir por la vida a rastras sino de pie y cosechando éxitos.

He escuchado decir esta frase hasta el cansancio: «Ay, mijita, si ese es un amargado y repelente, ¿cómo le vas a pedir que quiera a los demás si no se quiere ni a sí mismo?» Y es muy cierto, hay personas que se han declarado la guerra contra sí mismos y contra los demás, literalmente se odian y odian todo lo que son y les rodea. Los puedes ver por todos lados causando conflictos, haciéndole la vida de cuadritos a todo el que puedan y a fin de cuentas a sí mismos, pues son tan repelentes que viven su gris existencia más solitos que la una.

Personalmente pienso que uno debe aceptarse tal cual es, pero eso no significa que debes ser absolutamente tolerante con las áreas de tu vida que deben ser cambiadas. Si bien es cierto que tenemos una personalidad definida, no debemos caer en el error y la arrogancia de expresar frases como estas: «Yo soy así, al que le parezca bien, bien, y al que no, me vale» ¡Qué horror!

No es necesario que deseemos ser como tal o cual persona. Aunque podemos tomarlas como referencia, nosotros tenemos el poder y la facultad de mejorar, de pulirnos sin que desaparezca nuestra espontaneidad y que el cambio sea tal que nosotros mismo quedemos admirados.

Retomando el tema con un poco menos de humor, tómate un tiempo para un encuentro contigo mismo, sé honesto, empieza por enumerar tus destrezas y cualidades, y después tus debilidades. Decídete a ser tú mismo, toma valor para enfrentar el cambio, ámate y como consecuencia amarás a los demás.

Hay áreas de mi vida que deben ser SOMETIDAS a un cambio, sin que eso necesariamente signifique que me va a

anular mi esencia; sino más bien que al realizar ciertos ajustes,
mis talentos serán mejor empleados y recibidos por los demás.

Me encanta ser yo misma, me amo; pero no soy ciega ni sorda,
cada día debo trabajar para ser una persona mejor, ¿perfecta?
¡No! Solo una persona de excelencia.

7

No murmures, apaga la lengua

Así como algunas reglas de oro que hemos analizado para lograr el éxito en lo que nos proponemos, no murmurar es otra de ellas. Cuando andamos en la búsqueda de nuestros objetivos, si hay algo que nos resta energía es estar como unos loros repitiendo una y otra vez cosas negativas. Hasta que no reflexiones de corazón y sin máscaras sobre este hábito tan dañino, no podrás darte cuenta de tu error y no será hasta ese momento que decidirás cambiar de actitud.

Lo que declaramos con nuestra boca sucederá, tenemos el poder de profetizar vida o muerte sobre nosotros y los demás. De la abundancia del corazón habla la boca y, por lo tanto, si vas pregonando desgracia eso realmente es lo que va a suceder, por ello es que lo que manifestamos con nuestras palabras deja ver lo que son los deseos de nuestro corazón.

Si estás preparándote para un futuro mejor, es de esperarse que comentes algunas metas positivas alcanzables y que pondrás toda tu energía en lograr que esto se realice, pero parece mentira que haya oído personas con doble ánimo que están por un lado manifestando su deseo de conseguir un buen empleo, con mejores beneficios, mejor remunerado pero… cancelan todos sus buenos deseos con ese murmurar que es como un eco que va detrás de ellos y no los deja avanzar.

¿Alguna vez has estado, sin darte cuenta, en una situación parecida? Si es así, me alegro que lo reconozcas y estés dispuesto a cambiar el rumbo de tu lengua y, por ende, de tu vida. De sobra conocemos que la situación laboral es dura, los medios de comunicación se encargan día a día de informarnos con lujo de detalles y hasta la saciedad, lo que ocurre en el mundo de las finanzas y el mercado laboral. Hay personas a las que les gusta estar comentando lo mala que está la cosa y bla, bla, bla; sin parar, como si fuesen discos rayados; y, para colmo de males, siempre encuentran a alguien que escuche su desafinada y amarga melodía.

No cabe duda de que tienes el deber de ser un ciudadano bien informado pero… hay otro pero que yo diría es de oro: apártate, aléjate de esa gente pesimista, pregoneros de malas noticias que solo te restarán energía y acabarás pensando igual que ellos. Cuando quieras moverte con agilidad, el eco de tu lengua habrá causado el efecto de enormes piedras sobre tu ánimo y te costará avanzar si no es que te quedas postrado a medio camino o, peor, sin haber comenzado aun.

Sé por mi experiencia en el campo laboral que las personas con problemas se atraen y hasta se sienten cómodas «compartiendo» sus dificultades, y aunque lo entiendo debemos ponerle un alto a la murmuración y a constituirnos en miembros de un club de murmuradores. Murmurar no es la manera de llevar el pan a la mesa. ¡Alto ahí!

No hagas la situación mucho más difícil de lo que ya está criticando, murmurando y rezongando por todo lo que pasa. Esta determinación es un acto de voluntad, de valentía, de querer salvar tu vida. Porque yo he pasado por este proceso sé que es duro. Es más fácil seguir «arrullando» el hábito de quejarse pues es probablemente un «asunto cultural», pero rompe ahora mismo con esos patrones. Dale la pelea a tu lengua y oblígala a declarar bendición.

Hoy en día perder el empleo es casi una tragedia nacional, pero caer en la murmuración lo convierte en una hecatombe. Exagero a propósito para que podamos reflexionar y medir la profundidad del hueco donde caeremos si le damos rienda suelta a un estado de ánimo negativo.

Apaga tu lengua

Estás buscando empleo, una oportunidad mejor, no lo olvides, empieza a sembrar en tu corazón pensamientos de éxito, empezará como una tarea obligada, lo sé, sí que lo sabré, pero a medida que obligues a tu mente a desechar el derrotismo tu lengua también será «rehabilitada», y esa fuerza, ese valor, esa energía para lograr tu meta te impulsará tan alto como desees.

Si bien el libro está enfocado en la imagen, si no hay solidez interior, por más que nos esforcemos por lo exterior, el pesimismo se colará de cualquier forma. Ni el porte profesional «armado» por un superconsejero de imagen podrá contener un espíritu negativo. Lo mismo sucede, pero de forma contraria, cuando hablas con alguien positivo; nada puede contener ese gozo y esa determinación para triunfar que emana del interior de tu ser.

Entonces, ¿qué me dices, te atreves?

Don Yo

8

Quiero hablarte de este personaje que tiene una personalidad muy especial. Tal vez su perfil sicológico no esté descrito de esta manera medio pintoresca en un tratado de Psicología, pero quiero describirlo tomando en cuenta mi experiencia. De modo que podrás identificarlo más o menos así: Se cree el florero de todas las mesas y se siente tan imprescindible como un cepillo de dientes, ¿qué te parece?

Don Yo tiene sus cosas buenas y es que siempre quiere ser el primero en todo, pero eso no siempre afecta positivamente el ambiente donde se mueve y en la mayoría de las veces las acciones que ejecuta por lograr el papel protagónico lo que deja como fruto es que complica las cosas convirtiéndose Don Yo literalmente en una piedra de tropiezo.

Recuerdo siempre las palabras de mi mamá, cuando en medio de alguna tertulia de repente alguien fruncía el ceño, ponía cara de alpargata y se levantaba de manera intempestiva. Ella decía: «Ya brincó Don Yo».

Y es que realmente hay personas que creen que todo el mundo debe tomarlos en cuenta, ensalzarlos y convertirlos en las estrellas de la fiesta; si no son capaces de intoxicar el ambiente con su actitud de floreros de todas las mesas. Cada ser humano debe tener una estima personal sana, debe pensar bien de sí mismo pero no al grado de que en todo y por todo debe ser tomado en cuenta. Las personas así se autodenominan «Buenos ejemplos» para la sociedad, «dignos» de ser imitados y elogiados.

Lo que parece que no saben es que líder es alguien que sin imposiciones y sin emprender campañas de imagen a su favor se levanta naturalmente en medio de las personas y estas disfrutan de su compañía, sus palabras y se sienten motivados a imitarlos.

Pero Don Yo quiere que a juro las personas lo acepten como lo máximo o la última soda en el desierto. Cuando se involucra en los proyectos comienza bien, con excelente disposición; pero cuando los verdaderos líderes dentro del grupo empiezan a surgir de manera natural, empieza la situación a ponerse color de hormiga y Don Yo, que hasta ese momento se sentía al control, aparece con una enfermedad llamada «protagonismo» y lo arruina todo, pues es incapaz de trabajar en equipo, solo con la «ligera» excepción de que él lleve la voz cantante.

Personalmente creo que cuando uno empieza a integrarse a un grupo debe apagar la lengua, encender los oídos y abrir muy bien los ojos, observar, observar hasta alinearse y ocupar el lugar en que aporte los talentos que tiene, y si estos lo colocan a uno en posición de líder bien, pero sin que aparezca Don Yo enfermo y enclenque con un virus de liderazgo mal entendido y arruinándolo todo.

Hay ocasiones en que no somos precisamente el centro de la atención, pero esto no es malo, más bien nos puede servir para que desde la posición de colaboradores podamos beneficiarnos con los conocimientos y experiencias del líder.

La vida es una escuela ambulante y, por ende, no siempre está entre cuatro paredes. Y nosotros, al igual que ella, tenemos que estar en movimiento y tomando de ella los elementos que necesitamos para enriquecernos, además de enriquecer el medio donde nos desenvolvemos.

No creas que esto es algo así como un sueño, algo que luce y suena muy bonito pero inalcanzable, pues mi amigo, te tengo una buena noticia: Podemos lograrlo y la clave está en primer lugar relacionada con nuestra actitud.

¿Te has puesto a pensar que todos los proyectos nacen primero en el corazón, en la mente? ¿Que empiezan pequeños pero los que logran triunfar es porque han sido soñados en grande? Dale lugar a una vida interior oxigenada, pero sin que Don Yo se robe todo el oxígeno, perdón todo el show.

Sé tú mismo, sácale partido a lo tuyo, comparte con los demás, vive plenamente.

Buenas noches, soy la envidia 9

¿Qué te parece esta visitante? Allá tú si la invitas a tomar el té… Este capítulo no promete ser extenso, pero sí contundente. Los seres humanos por inmadurez, muchas veces, nos estancamos «admirando» a los demás y les ponemos «defectos» que no son más que producto de nuestras propias inseguridades y, más grave aun, producto de la envidia.

Hay millones de personas que por estar invirtiendo su energía y recursos «supervisando» a otros, se envuelven en un manto amargo y maloliente llamado envidia. Una «dama» amargada y colada que siempre está incendiando hogares, lugares de trabajo, familias, ministerios, comunidades, escuelas y hasta a congregaciones religiosas. Creo que cuando uno envidia a alguien es porque se siente poca cosa y le pincha el hígado ver cómo otros salen adelante sin recurrir al desprestigio para sentirse triunfadores, simplemente son personas seguras de sí mismas porque saben quiénes son y conocen sus puntos fuertes y débiles, lo que les permite vivir una vida equilibrada y en paz.

A veces las circunstancias de la vida, como el hecho de haber crecido en un «hogar batalla», nos vuelven hoscos e inseguros y quisiéramos ser diferentes o como «fulanito» o «sutanito», pero estamos atados a los fracasos de nuestro pasado y eso no nos permite avanzar. Estoy convencida de que cuando Dios liberta a ese acomplejado que solo puede liberar su frustración a través de la envidia, esta sale en estampida para mudarse de corazón y buscar otro para instalar su veneno.

Los centros de trabajo a veces son campos fértiles para que esta plaga tan horrible llamada envidia se afinque y haga desastres. Si nos tomamos el tiempo para analizar nuestras vidas, encontraremos que todos tenemos uno o más talentos y que, si lo vemos bien, los centros de trabajo están llamados a funcionar como un engranaje. No todos tenemos las mismas responsabilidades, por lo tanto cada una de estas requiere destrezas específicas. Entonces, ¿por qué si no tenemos habilidad para tratar con el público y sí para trabajar concentrados en un escritorio llevando los números de la empresa nos recomemos el hígado porque a «Perencejita» todos los clientes la buscan para que les ayude? Pero si a Perencejita la ponen a llevar las cuentas de la oficina, esto resulta una mala decisión porque ella tiene habilidades muy diferentes.

Haz de tu centro de trabajo un lugar agradable, son demasiadas horas las que pasamos juntos, más de las que estamos con nuestras familias. Si bien es cierto que no hemos sido contratados para hacer amigos, debemos construir relaciones estables y de armonía. Cada uno necesitamos del otro, así no sea la persona que nos agrade; pero no es en el plano personal que vamos cada día a trabajar, sino en el profesional y esto no es necesariamente siempre detrás de un escritorio.

Empieza a practicar la armonía y si envidiabas a ese compañero por sus cualidades es porque seguramente no te has dado cuenta de tus propias habilidades y las estás desperdiciando. Entonces, te pregunto: ¿Por qué nos amargamos deseando de manera enfermiza lo que otros tienen? ¿Es ese tu caso? Porque probablemente te has rehusado a asistir a las reuniones matutinas con el que tiene todas las respuestas y que puede ir marcándote el plan para que vivas en paz, libre del veneno de la envidia y puedas llevar el pan a tu mesa, que no es nadie más que Dios.

10

Las oportunidades, aprovéchalas

Cada vez que viajo en avión y me toca esperar por mi maleta, no puedo dejar de relacionar esa estera que da vueltas y vueltas hasta que uno pesca su valija con la vida misma. Cuando uno llega casi atropellándose con los otros pasajeros tan ansiosos como nosotros para sacar su maleta y salir a millón del aeropuerto, relaciono ese momento con una escena en la que todos estamos corriendo a buscar nuestra oportunidad en la vida.

Solo piensa un poquito en esto: Estamos todos como hipnotizados por esa cinta enorme que gira repartiendo maletas de todas las formas, estilos, precios, tamaños y colores, y lo único que nos interesa casi a punto del delirio es que nuestra valija aparezca, sacarla y acto seguido partir con nuestro tesoro, pero en un ¡zas! tal vez nos distrajimos un poco y la ansiada maleta nos pasó enfrente y no la vimos por un simple descuido, y de nuevo el proceso de seguir con la mirada a la famosa banda con todas las maletas habidas y por haber.

Con desesperación y delirio vemos que los que llegaron con nosotros van poco a poco despejando la sala y casi a punto de un ataque de nervios vemos cómo nuestra «amada» maleta brilla por su ausencia.

Otra vuelta y otra más y la estera sigue girando con las pocas maletas que aún quedan por reclamar, la nuestra aparece mucho tiempo después, cuando estábamos casi al borde del disparate o en el peor de los casos desapareció porque alguien la tomó por error y ahí se arma el caos.

¿Te ubicaste?

Bien, nada diferente es la vida cuando nos muestra en su estera las oportunidades y nosotros estamos distraídos en otras cosas. Por eso no tomamos lo que ella nos ofrece y como la maleta, la oportunidad nos llega tarde o nunca nos llegó porque otros más enfocados la aprovecharon.

Nunca me voy a cansar de repetir que las personas exitosas no tienen tres cabezas, una energía inagotable ni tampoco tentáculos en vez de manos, y en muchos casos no son precisamente un dechado de perfección, simplemente han tenido la gracia de saber que la vida tiene muchas oportunidades para todo aquel que quiera tomarlas y trabajar por ellas.

Esto, por supuesto, no es literalmente así; pero a esas personas me las imagino como dotadas de radares o antenitas de vinil que van detectando las oportunidades y donde muchas veces el denominador común de la población no ve algo de lo que se pueda sacar frutos, ellos si lo ven. Poseen además de un detector de oportunidades, por llamarlo de alguna manera, visión y perseverancia.

Me resisto a ver a las personas que están en la cúspide del éxito como un producto terminado, eso es minimizarlos. Me gusta saber de dónde y cómo llegaron a donde están porque eso es lo que los hace grande y nos sirve a nosotros de aliento y de ejemplo para ir también en pos de nuestras propias oportunidades.

Pero para estar capacitados para tomar con determinación lo que la vida nos ofrece primero debemos:

✔Tener clara la visión de Dios con nuestras vidas.

✔Conocernos a nosotros mismos.

✔Examinarnos y ver si podemos contar con nosotros mismos como socios.

✔Estar dispuestos a enfrentar tiempos de desiertos y en muchos casos las lenguas que se levanten contra nosotros para desanimarnos.

✔Ser perseverantes y valientes.

✔Tener disposición para evaluar nuestro trabajo y ver si las oportunidades se han convertido en logros y correr por la siguiente.

✔Estar dispuestos a no solo hacer sino ser y vivir.

✔Y algo no menos importante: ser humildes y contar con personas a las que nosotros podamos decirles que nos den sus puntos de vista y ser capaces de escucharlos y tomar en cuenta sus sugerencias y observaciones.

La oportunidad en la vida llega a nuestra manos como esa valija que ha estado dando vueltas en la estera del aeropuerto, pero también se puede ir si estamos «cazando moscas», distraídos, tonteando y pensando que el tiempo se puede estirar como un chicle sin disponernos a invertir no solo materialmente sino emocionalmente en esa oportunidad.

¡Despierta! Piénsalo y actúa.

Las oportunidades que la vida te brinda… ¡atrápalas! Y trabaja por ellas.

11

Una herramienta valiosa, la perseverancia

Uno de los momentos en la vida en que necesitamos echar mano de la perseverancia es cuando estamos buscando empleo. ¡Oh, sí! Obviamente estar sin empleo es una etapa de nuestras vidas en la que nos sentimos como si nos hubiesen serruchado el piso y todo se derrumbara bajo nuestros pies.

Como sabiamente dice la palabra de Dios, hay tiempo para todo. Durante esta etapa también hay tiempo para sentirse asustado y hasta llorar, pero todo tiene su límite y entra en juego el tiempo para levantarse y ser necesariamente perseverantes.

Cuando presenté mi libro *Vístete para triunfar,* sentí que debía destacar ante la audiencia una cualidad que creo que Dios me ha regalado de manera obvia: la perseverancia, y lo digo con verdadero agradecimiento a Él pues sin este don jamás hubiese podido seguir adelante librando tantos obstáculos. En ese momento, cuando me dirigía a una audiencia atenta escuchando con sus oídos, su mente y su cuerpo, fue que pude ver con claridad algo de lo que me ufanaba en decir a los demás de mi persona: «Ah, es que soy terca como una mula».

Y en ese instante el Espíritu Santo me sacó de mi error para que no siguiera transmitiéndolo a quienes me escuchaban y sobre los cuales puedo poner en función el poder que Dios nos ha dado a cada uno para influir positiva o negativamente. Él nos da la libertad para tomar nuestras decisiones, acertadas o no, y de las cuales recogeremos frutos.

Como en una pantalla pude ver esto: «Perseverancia y terquedad son dos conceptos muy diferentes». La perseverancia implica inteligencia, la terquedad está desprovista de la razón y es más que todo emoción y, en muchos casos, una manera miope de ver la vida.

¡Qué diferencia tan abismal!

No sé si habrá otro conocedor de la materia que difiera de mi idea, pero el perseverante sabe lo que Dios tiene para él y por ello va seguro tras las metas que Él le ha fijado.

En todo tiempo necesitamos del don de la perseverancia, pero durante la temporada que pasamos desempleados y en pos de un empleo este don se vuelve determinante.

La situación es la siguiente: Bien, ya lo sabemos, nos quedamos sin empleo, pero ahí no se acaba el mundo, más bien si entramos en negación el mundo acabará con nosotros, el mundo de compromisos, cuentas por pagar y más. Así es que después de un tiempo prudencial no queda más que respirar profundo, explorar las posibilidades y actuar, no hay otra.

En mi experiencia laboral ayudando a las personas en esta etapa, no tan color de rosas, puedo darme cuenta de que las personas que están dispuestas a perseverar saldrán de esta situación de desempleo más rápido; simplemente porque están enfocados y dispuestos a lograr sus metas: encontrar un trabajo y no cualquier trabajo, sino el que están buscando.

¿Te atreves a perseverar? Eres el único que tiene la respuesta…

12

Tiempo de renunciar y dejar ir

Provengo de un pueblo cafetalero al norte de Nicaragua, dicharachero por excelencia, y yo no soy la excepción. Siempre recuerdo un refrán que dice así: «Ay, si esto está más pegado que una garrapata». La garrapata es un insecto muy pequeño que se le pega mucho al ganado, pero no es tan «selectivo», si pasa un perro o una persona por donde haya alguna prepárese que también se le pueden pegar. Y arrancarlas de la piel, ¡es un dolor!

Pues bien, muchas veces nosotros mismos nos pegamos como garrapatas a situaciones que por temor a experimentar otras oportunidades nos empecinamos en permanecer en ellas, así nos causen dolor. Y para consolarnos decimos: «Mejor viejo por conocido que nuevo por conocer». Esto en sí es una actitud derrotista, cancela oportunidades y es suficientemente negativa como para envenenar el corazón.

Y pensar que con esta cantaleta nos hemos engañado para evitar enfrentar las situaciones que ya son tan viejas y desagradables que huelen a muerto de quince días sin enterrar. Pero, ojalá solo fuesen quince días; en esta indecisión hay personas que llevan quince, veinte y treinta años penando porque a medida que pasa el tiempo es más difícil renunciar y dejarla ir.

Esto no solo tiene que ver con situaciones personales sino también laborales. No podemos negar que el mercado laboral es dinámico, que ha cambiado mucho, pero esta no es razón para seguir bajo el yugo de un jefe prepotente en una compañía donde apenas podemos respirar porque él ha impuesto una regla: «Limítese a respirar» y ahí estamos arrastrando los pies y el alma porque nos da miedo arriesgarnos, renunciar y dejar ir.

Lo que no nos hemos puesto a pensar es que cada día que dejamos pasar con la excusa de que no queremos arriesgar lo que «tenemos», es que nos estamos arriesgando y jugando nuestra salud mental, física, emocional y hasta familiar.

Mientras escribía me vino a la mente esta reflexión: Tenemos el plano personal y el laboral, pero en realidad una situación agradable o desagradable en el trabajo nos afecta. Hay ciertos límites en determinadas situaciones en las que no podemos ni debemos mezclar esas dos áreas; pero a la hora de evaluar cuánto significa la satisfacción o la amargura de ese trabajo, querámoslo o no deja de ser un asunto laboral para convertirse en uno personal.

No puedo dejar de darle gracias infinitas a Dios porque a pesar de que siempre hay «murciélagos emocionales y laborales» volando en los trabajos, son situaciones manejables. Un poco rutinarias además, pues todavía no soy un cuerpo glorificado para que en vez de estar ayudando a las personas en su búsqueda de empleo y asesorándolas para prepararse para una entrevista de trabajo exitosa, camine con un arpa por los pasillos de la agencia laboral donde trabajo.

Mi realidad es que desempeño un empleo de servicio público. Trabajo con personas de carne y hueso; y como tal, algunas veces están un poco «vampirezcas», pero no al punto de que me vea en la situación de renunciar y dejarla ir.

Cuando hacemos una «evaluación» de nuestra situación laboral y resulta que los pro son más que los contra nos deja un saldo de gozo, eso significa que estamos en el lugar correcto. Pero si los números dan rojo y se nos está cayendo el pelo, tenemos una úlcera provocada por el estrés y hasta malos pensamientos, entonces la luz roja se enciende para que nos detengamos y consideremos seriamente renunciar a ella y dejarla ir. No lo tomemos a la ligera, por favor, el trabajo es vida misma, procuremos que esas horas sean lo más gratificantes que puedan.

¿Imposible? Por supuesto que no. ¿Ideal? Tal vez.

Pero podemos hacerlo, no tenemos espíritu de temor, y hemos sido diseñados para vivir en abundancia y no temblando todo el tiempo, y menos aferrados como una garrapata a las situaciones difíciles y extenuantes.

Tengamos mentalidad de ganadores, hay que arriesgarse cuando nos decidimos a renunciar y dejar ir una situación para buscar mejores oportunidades.

Sé selectivo 13

Muchos hemos sido formados en una cultura un tanto conformista. Por ejemplo, uno de los «legados» que recuerdo bastante es que entre más humildes éramos más agradábamos a Dios, pero esa no era una humildad de corazón sino producida por la pobreza...

Operaba como una ley estricta, inflexible, sin enmiendas. Era como un candado que sellaba la puerta de la superación y solo los arriesgados y valientes podían romper con esa ley que guardaba intereses muy ajenos al corazón de Dios.

Con esa manera de pensar nos conformábamos con cualquier cosa y cuando queríamos cambiar las cosas era mucho más difícil y surgían caos de todo tipo.

Hoy que soy una mujer adulta y, gracias a Dios, un día tuve el valor de romper el candado de la puerta a las oportunidades. Además, he aprendido poco a poco a ser selectiva, claro, no es una cualidad mía, la tengo porque pedí sabiduría y se me concedió.

Creo que una de las ataduras mayores para no alcanzar el éxito y hacerlo parte de nuestra vida es que no tomamos en serio el asunto de ser selectivos. Ataduras como el famoso «legado» cultural que nos impregnó de culpabilidad con aquello de que no podíamos ver de menos a nadie. Y aunque en esto último hay cierta razón, hay otra intención subyacente: que nos conformemos con cualquier cosa, ¡qué horror!

Tenemos la responsabilidad de escoger lo mejor de los recursos que tengamos. Por ejemplo, si vivimos en un distrito escolar que no es muy bueno, pues las escuelas están abarrotadas de niños. Entonces, como padres **tenemos** el deber de averiguar qué opciones hay en otros distritos escolares con programas específicos y cómo podemos hacer para que nuestros hijos asistan a ellos. A partir de eso les estamos enseñando a seleccionar las mejores oportunidades y decidir la óptima. Lo sé porque lo viví con mis cuatro hijos; fui selectiva en su educación, no me conformé con lo que me ofrecían a primera mano para ellos.

De igual manera podemos aplicar eso al campo laboral, si tenemos la actitud correcta y la preparación para aspirar a mejores posiciones pues, ¡adelante! Tenemos el derecho de ser selectivos, no siempre debemos ir a una entrevista de trabajo a poner la cabeza en la guillotina. Si bien es cierto, necesitamos un empleo, pero eso no significa que debamos ponernos de rodillas y entregar nuestro derecho de negociar o de hacer mejores selecciones.

Dicen algunos expertos que en el día, desde que abrimos los ojos hasta que los cerramos, tenemos que tomar alrededor de unas 2.500 decisiones, ¿qué le parece? Cuando lo supe, casi me voy de espaldas, esa cifra incluye decisiones de todo tipo, tan simples como la de peinarnos, si tomamos un tren o el bus o si aceptamos la propuesta de trabajo. Por ello, con mucha más razón debemos ser selectivos, cada decisión que tomamos no solo afecta nuestra vida sino todo nuestro entorno.

La siguiente situación le ocurrió a alguien muy querido para mí. Resulta que esta persona estaba solicitando una plaza específica disponible en una firma muy importante. Ya había pasado las tres primeras entrevistas y en la cuarta le dijeron que no tenían la vacante que le habían ofrecido pero que tenían otra en otro departamento con funciones diferentes y un poco más de salario. Aunque la oferta era tentadora, esta persona con una actitud mental y una visión de su futuro definida tuvo que tomar una decisión y seleccionar la más conveniente para él, de acuerdo a su preparación académica y a sus aspiraciones. Así que le dijo al entrevistador: «Muchas gracias por la oportunidad, pero yo vine a solicitar la vacante tal y no puedo aceptar otra posición pues sé que no es lo que más le conviene a su empresa ni a mí».

Cortésmente se despidió con la sensación de que había hecho lo correcto. Tomar ese trabajo significarían demasiadas horas realizando una tarea que —si bien es cierto podía realizar y hasta con mejor salario— lo sacaba de su carrera profesional. No pasaron dos horas cuando lo llamaron para la quinta entrevista y esta vez con el presidente de la empresa.

A veces ser selectivo nos hace correr riesgos, pero es mejor ponerse colorado una vez y no cien veces rosado.

14

Soy un profesional hispano, ¿qué hago en los Estados Unidos?

No tires por la borda todo el esfuerzo de tus años invertidos en tu carrera. Llegamos a los Estados Unidos por distintas razones y a veces a comenzar desde cero enfrentándonos con un idioma y un estilo de vida diferentes; pero no te desanimes y escucha estas sugerencias.

1. Estudia inglés

2. Traduce y evalúa tu título o diploma

3. Arregla tu crédito

4. Busca información

5. Considera tu carrera como una escalera hacia el éxito

6. Da de tu tiempo y trabaja como voluntario

7. ¡Hoy es el día! Comienza ahora mismo.

Punto # 1: Estudia inglés

Muchas veces pensamos que porque en la comunidad donde vivimos en los Estados Unidos hay una gran mayoría de hispanoparlantes no es necesario ponerle tanto énfasis al idioma inglés, pero no importa en qué área de la nación residamos. DEBEMOS aprender inglés, pues la barrera del idioma nos limitará tarde o temprano.

Existen muchos lugares donde puedes estudiar inglés gratuitamente y sus horarios son flexibles pues entienden que los estudiantes son adultos que trabajan. Tienen clases entre semana y fines de semana, para que se ajuste a tu horario disponible.

Punto # 2: Traduce y evalúa tu título o diploma

Existen instituciones privadas que se dedican a traducir y a evaluar los diplomas universitarios obtenidos fuera de los Estados Unidos.

Uno de los beneficios de esas instituciones es que puedes inscribirte en la universidad para obtener una maestría o un doctorado.

Puedes usarlos también cuando estás solicitando un trabajo que requiere un título universitario.

Punto # 3: Arregla tu crédito

Muchas veces el poco conocimiento que tenemos del sistema en los Estados Unidos nos afecta en las decisiones que tomamos en cuanto al crédito, pero hay instituciones reconocidas y serias que pueden asesorarte en cuanto a tu crédito.

Punto # 4: Busca información

¿Has escuchado alguna vez esta frase: «El poder está en la información»? Es muy cierta. Los Estados Unidos se caracteriza por ser un país de mucha información, la que está disponible en oficinas de gobierno, universidades, compañías y más, pero tú tienes que dar el primer paso. Pierde el miedo. Atrévete a marcar la diferencia tomando la iniciativa. No temas preguntar e indagar; el que busca halla.

Punto # 5: Considera tu carrera como una escalera hacia el éxito

Llegar a los Estados Unidos con un título universitario no necesariamente te hará ejercer inmediatamente la profesión, pues hay carreras que necesitan certificaciones; pero no es para ponerse a llorar.

Considera comenzar a trabajar en alguna posición de menor responsabilidad hasta que puedas dominar el idioma y obtener las licencias requeridas para trabajar en la posición profesional que aspiras o deseas laborar. Por ejemplo, si tienes un título de médico puedes comenzar como enfermero.

Punto # 6: Da de tu tiempo y trabaja como voluntario

Esto se lo digo muchas veces a las personas que participan en mis seminarios, pues yo misma soy producto de haber servido como voluntaria, lo que me dio como fruto el trabajo que tengo hoy.

Servir como voluntario en organizaciones te ayudará a mostrar tus habilidades profesionales en un ambiente más relajado. Te puedo asegurar que te abrirá las puertas para conocer más personas y, si hay alguna vacante, serás un buen candidato.

Punto # 7: ¡Hoy es el día! Comienza ahora mismo.

Como reza el refrán: «No dejes para mañana lo que puedes hacer hoy». El tiempo de empezar es ya. No caigas en el engaño de que aquí no hay tiempo para nada. Rompe ese mito; organízate.

La importancia de estar informado, infórmate

Esta es una decisión de vida o muerte, de éxito o de fracaso, de pena o de alegría, es una **responsabilidad humana.** He oído hablar de las muchas maneras que las personas crean para buscar y encontrar la felicidad, desde las más complicadas hasta las más descabelladas y divertidas, pero voy a plantear una que es sencilla y que estás en tu perfecto derecho de aceptar o no. Es el concepto de una persona como yo, que ve la vida sin complicaciones y que cree que la felicidad del hombre estriba en algo muy sencillo e importante: la información. Ahora te diré por qué me lo parece.

El ser humano no podrá nunca alcanzar metas de superación si no conoce el camino a seguir. Para comenzar, el derecho elemental de saber leer y escribir, claro, estoy refiriéndome a sociedades como las nuestras donde la gente ha perecido tanto por falta de conocimiento, ser analfabeta es un verdadero peligro que solo el que está en esa situación sabe de su tristeza e impotencia.

Observa la gran bendición que tienes al estar leyendo este libro, no por el libro en sí mismo, sino por ese privilegio enorme de saber leer y escribir que son dos llaves de oro para abrir el mundo del conocimiento. Por ello aún no puedo entender por qué las personas subestiman esta gran oportunidad de informarse y conocer cómo se mueve el mundo de hoy. No puedes quedarte aislado, de lo contrario el precio que tendrás que pagar sería supremamente alto.

Una de las primeras lecciones que repaso con mis estudiantes es precisamente esta: Infórmense, ese es un derecho humano que uno tiene la potestad de ejercer para su beneficio. No lo desperdicies.

No te conformes con vivir en tu ciudad y ni siquiera saber cómo funciona tu gobierno, quiénes son tus representantes, tus autoridades, cómo es el funcionamiento de la escuela de tus hijos, cuáles son las rutas de buses y trenes, los números de emergencia, organizaciones comunitarias y más. ¿Que es demasiado? Te aseguro que no.

A medida que desarrollo el curso, les pido a mis alumnos tareas como buscar información determinada de nuestra comunidad, ¿por qué? Porque para comenzar por algo, esta ciudad es tu casa y ¿acaso andarías vendado en tu propio hogar? Por supuesto que no.

Es lo mismo si no conoces por lo menos lo básico de todo aquello que te puede afectar, créemelo, si no lo haces te encuentras en peligro inminente. No voy a repetirte lo que vamos a estudiar en cuanto a los conocimientos y estrategias para buscar empleo, solo deseo que tengas una mente amplia, receptiva, para recoger en ella lo que necesitas a fin de sobrevivir en una sociedad como esta.

Y esto se aplica a toda área de nuestra existencia. Si no sabes alimentarte porque no te has informado de lo que es una verdadera alimentación, en algún momento el cuerpo te pasará la factura. Si tienes hijos y no te informas bien dónde están los recursos para una buena educación, entonces recibirán una educación pobre. Si no sabes dónde hay servicios médicos que se ajusten a tu presupuesto, cuando estornudes te aterrorizarás por la cuenta del doctor. Si no sabes cómo usar los cupones de descuento, entonces el susto será en la caja registradora del almacén de víveres. Si no sabes dónde buscar paquetes de vacaciones para salir con tu familia, se enmohecerán todos en tu casa. Si no sabes, si no sabes y si no sabes **es porque no buscas.**

Una de las sugerencias que considero importante en mis clases es la siguiente: «No te conformes con lo que te digan; si en verdad te interesa el asunto, tómate la tarea de averiguar todo».

Otra sugerencia es: «Conviértete en un sabueso de pizarras informativas, mesas de exhibición, carteleras en las iglesias, hospitales, escuelas, sitios públicos; pero eso sí, lee la información». No se trata de que te la llevas por ese hábito de que si las cosas son gratis las tomas. Hazte el favor y lee y si ves que es valiosa la información, compártela con otros.

Estar informado es un asunto de supervivencia. Y con esto no me he referido a que vamos a vivir con la nariz pegada al televisor o al monitor de la computadora, o con la oreja adaptada al radio. Te he hablado de manera razonable, dinámica, te hablo de información práctica que te dé como resultado una vida mejor a ti y a los tuyos. De nuevo, no te conformes con lo que te digan que es de tu interés, busca.

Ponles alas a tus sueños, deja la pereza

Como me gusta este asunto de escribir sobre los sueños, solo que a veces las personas se quedan soñando y no pasan a la etapa de despertar y trabajar por ese sueño. Uno de los hábitos que nos frenan para lograr los sueños, además del miedo, es la negligencia, la pereza. No podemos pretender lograr metas desde el sillón frente a la televisión tomándonos una malteada de chocolate con un tazón de nachos nadando en queso derretido.

Para lograr los sueños hay que convertirlos en metas, y andando querido que nada cae del cielo. Si hay alguien soñadora soy yo. Pero ojo, que no me quedo sonámbula ni contando ovejitas, despierto y le pongo alas a mis sueños hasta verlos convertidos en realidad. Si pudiéramos ir a realizar una entrevista en unas cuantas tumbas del cementerio, no dudo que grandes ideas se hayan ido con los que partieron de este mundo y hoy solo son un nombre grabado en una fría lámina de mármol y un hermoso epitafio, en el mejor de los casos. Muchos de ellos soñaron, pero sus sueños se fueron ahogados junto con ellos con sus últimos suspiros aquí en la tierra.

Soñar es un deber, es algo así como la brisa fresca que oxigena nuestro corazón y le da vida a nuestra existencia, pero si solo se queda en brisa se seca. Estamos llamados a encender la chispa y esta moverá el motor para que esos sueños se conviertan en realidad.

Los sueños deben pasar a ser metas y son estas las que les ponen alas a nuestros sueños.

Por ello quiero motivarte a que, en la página que dejamos en blanco, anotes todos tus sueños, por descabellados que te parezcan. Déjalos «reposar», y otro día retómalos y selecciónalos por orden de importancia o por prioridad. Déjalos de nuevo, retómalos y traza las metas y pautas a seguir, que son a ciencia cierta lo que le dará vida a esos sueños.

Realmente, soñar no cuesta nada; pero de la nada nadie vive ni se siente realizado. Para sentirnos plenos, debemos desear hacer cosas que nos propongan retos, que nos hagan pensar y actuar. Yo tengo sueños tan específicos como tener un día una casita como de muñecas donde quepa cómodamente con mi escritorio frente a una gran ventana, un estante lleno de libros y una cómoda silla para continuar escribiendo, lo pienso, lo visualizo y tenga la plena seguridad de que un día la tendré.

Dios me ha concedido hacer realidad los sueños a los que les puse las alas de las metas y un seguimiento de trabajo continuo, como el de poder estar en los medios de comunicación. Lo soñé, lo trabajé y lo he conseguido, pero debo perseverar para continuar haciéndolo.

Quiero, amado lector, que después de leer este capítulo te sientas impulsado como por un cohete. Que no dejes pasar más el tiempo, que te sacudas la pereza y pongas manos a la obra para alcanzar tus sueños. Atrévete a desafiar la ley del menor esfuerzo y ponles alas a tus sueños. Proponte vivir una vida activa, plena, OXIGENADA.

Cómo ser exitosos 17

Se ha escrito tanto sobre este tema que no deseo abundar al respecto, sin embargo, a fin de cuentas y gracias a Dios cada persona tiene su manera de ver el éxito. Este capítulo no será muy extenso pues lo más importante es que no solo alcancemos el éxito sino que lo hagamos nuestro aliado, que caminemos con él. Vemos muchas personas que han llegado a la cima, todo el mundo pone su mirada en ellas, son aplaudidas y hasta el alcalde les da las llaves de la ciudad, pero resulta que un día caen estrepitosamente y la vida se les vuelve un rollo.

Nosotros, que conocemos que sin sabiduría nada dura, trataremos de ver las cosas desde este punto de vista. No me canso de repetir que el éxito no es precisamente: «Luces, cámara y acción». Creo que podemos tener éxito sin cámaras y sin luces, pero NO sin ACCIÓN.

Las personas exitosas no se acostaron un día siendo unos frustrados y al siguiente aparecieron en todos los medios de comunicación por ser exitosos. Cuando realmente los llegamos a ver es cuando han pasado mucho tiempo trabajando y perseverando, superando obstáculos y con sus ojos y sus corazones puestos en las metas.

Me han preguntado muchas veces si me considero una mujer exitosa. Sin titubear, contesto con un atronador sí. ¿Por qué? Les digo jocosamente que es que ya le tomé la vuelta al asunto: «He recibido la VISIÓN y la MISIÓN de Dios». Y mi parte en este negocio es la OBEDIENCIA y la

PERSEVERANCIA. Además, poniendo en práctica este mapa que Él me ha proporcionado es que desarrollo cada proyecto que emprendo, no solo en mi vida de escritora, comunicadora y servidora pública sino sobre todo como esposa y madre, aunque las cosas se pongan más de una vez color de hormiga.

Sé, con todo mi corazón, que cuando Dios me pone una «pulga en mi cabeza» es tiempo de tomar la visión y la misión. Hasta ahí el asunto no es tan duro, pero entonces entra en juego la obediencia. Esto, a veces, no es tan difícil y lo podemos hacer por un tiempo; pero PERSEVERAR es la parte que requiere más empeño. Por ejemplo, puedes obedecer las reglas de tránsito muchas veces, pero perseverar en obedecerlas en una ciudad donde todo mundo se cree policía y quiere hacer lo que le place, créeme que no es muy divertido. Y a propósito de leyes de tránsito, tengo otras cositas que aplico en este asunto de cómo ser exitosos.

Cuando emprendo un proyecto hago de cuenta que me estoy subiendo a mi auto Volkswagen Beetle, y mis proyectos deben tener:

✔Dirección: para saber a dónde voy y qué pretendo lograr.

✔Acelerador: debo llevar cierta velocidad para llegar a la meta, una constante.

✔Freno: hay momentos en el proceso que hay que frenar y esperar instrucciones o medir resultados.

Si aplicas estas reglas tan simples seguro que tu viaje al éxito será más placentero y Dios será tu eterno copiloto.

Listos, en sus marcas, ¡fuera!

SEGUNDA PARTE

Los famosos treinta segundos 1

Es el mismo tiempo que dura un comercial. Cuando debo enviar comunicados de prensa, tengo forzosamente que ajustarme a ese tiempo, el tiempo disponible para convencer a alguien de algo. Parece poco, pero son más valiosos que una o cinco horas. Es en esos treinta segundos que tenemos oportunidad de persuadir a alguien de algo, es el momento importante para mantener la atención en nosotros.

Muchas veces me ha tocado ir a conferencias, e inclusive a presentaciones, en que la persona que exponía tuvo todo el tiempo del mundo para ir y venir sobre el tema, pero ¿sabes qué? Uno se va de esos eventos con esa sensación de haber perdido el tiempo y sin saber cuál fue el punto.

Para poder hablar delante de un público, por muy elocuente que seas, debes prepararte para dominar los puntos que quieres establecer. Debes estar consciente de que la gente no está ahí para perder el tiempo y, por lo tanto, estás obligado a ir al grano.

Lo mismo ocurre cuando vas a una entrevista de trabajo. Aprovecha al máximo esos primeros treinta segundos, el resto dependerá de cómo mantengas la atención de tu entrevistador. Tienes que tomar en cuenta aspectos como: ¿Cuál es mi propósito?, ¿Por qué estoy aquí?, ¿Por qué deseo trabajar en esta compañía? Si no tienes claro esto se notará y te pondrá en una situación de desventaja.

Averigua, si puedes, quién es tu entrevistador. Conocer de la compañía es bueno, así puedes saber si te gusta trabajar en ella. Esto es enfocando mi lado, pero ¿sé qué es lo que la compañía espera de mí? Por eso es vital poner mucha atención a los detalles de la descripción del trabajo. Si estás seguro de los requisitos de tu posición, podrás desarrollar tu punto delante del entrevistador con mucha más ventaja.

Para esos escasos treinta segundos se requiere preparación. Nunca pierdas de vista que estás delante de un profesional y que lo que menos desea es perder su tiempo con gente que no sabe ni para qué está ahí. Nunca vayas a una entrevista de trabajo sin una estrategia bien pensada, asegúrate de tus puntos fuertes y explótalos, esas cualidades serán de beneficio para la compañía.

Por eso es tan importante prepararse, prepararse y prepararse. Esa es la clave.

En los treinta segundos entran en juego:

✔Tu manera de entrar al lugar de la entrevista
✔Tu sonrisa
✔Tu manera de saludar
✔Tu apariencia profesional
✔Tus modales
✔Tu preparación para empezar la entrevista.

Luego viene lo demás.

2

El mercado laboral, ¿qué es?

Enfocándolo de manera sencilla, el mercado laboral es el campo de oportunidades de empleo disponibles en tu comunidad, ciudad, estado o país. Puedes encontrarlas en las diferentes industrias, fábricas, negocios o empresas que están necesitando llenar sus vacantes con personal preparado para desempeñarse en una tarea en particular.

Para explorar este mercado laboral debes, en primer lugar, conocer tus aptitudes, tus intereses y saber con claridad las razones por las cuales quieres trabajar, partiendo de esto estarás listo para emprender tu búsqueda. Para ello es vital estar bien informado, el mercado laboral es muy amplio y no solo te ofrece posiciones de trabajo disponibles en tu localidad sino también la alternativa de relocalizarte en otras áreas de empleo dentro o fuera de tu país.

Quiero explicarte que no solo se trata de lidiar con la información de las oportunidades de empleo, sino que también debes tomar en cuenta aspectos importantes como el salario y las condiciones que esa posición laboral específica requiere. Las oportunidades de obtener empleo están condicionadas por tu preparación y las necesidades o demanda laboral existentes.

Por ejemplo, en el área donde yo resido, muchas veces las personas están profesionalmente capacitadas pero no hablan español, leíste bien español, pues para algunas posiciones se requiere personal bilingüe que entienda, hable, lea y escriba el inglés y el español. Somos una comunidad con un porcentaje muy alto de personas que necesitan recibir los servicios en español. Este patrón es cada vez más frecuente.

Las agencias gubernamentales de tu localidad poseen información detallada y actualizada sobre el mercado laboral y están en la mejor disposición para ayudarte a ubicarte en un trabajo de acuerdo a tu preparación, habilidades y necesidades laborales. Ellos disponen de información sobre las diversas oportunidades laborales, ya que día a día están recibiendo oportunidades de empleo de los empleadores que los seleccionan a ellos como su punto de contacto. Además, las agencias de empleo privadas están actualizadas y dispuestas a llenar las vacantes de sus clientes.

El mercado laboral es realmente un conjunto de recursos: tanto los que ofrecen empleo como los recursos humanos; ambos se complementan dando como resultado el movimiento de las diferentes industrias en una localidad y la prosperidad financiera y profesional de sus habitantes.

3

Los sí y los no en la búsqueda de empleo

A vuelo de pájaro, y a manera de repaso, veremos con atención los sí y los no en la búsqueda de empleo, que a fin de cuentas son los que establecen la diferencia entre una entrevista de trabajo exitosa y una desastrosa.

¡Listos! ¡En sus marcas! ¡Fuera!

Los sí:

✔Llegar puntual al lugar de la entrevista de trabajo, con unos 10 o 15 minutos de anticipación.
✔Tener confianza en ti mismo.
✔Mantener la atención en todo momento por cortesía y porque te conviene para poder sostener la conversación con el entrevistador.
✔Saludar con firmeza y viendo a los ojos al entrevistador.
✔Establecer tus objetivos.
✔Saludar a la persona que te va a entrevistar por su nombre:
✔Señor Pérez, Señora Morales.
✔Aprender las palabras con poder.
✔Sentirte seguro de tus habilidades y con sabiduría para «vendérselas» al empleador.
✔Ir a la entrevista relajado y descansado.
✔Saludar con entusiasmo.
✔Sonreír con naturalidad.
✔Tener todos tus documentos en orden.
✔Llevar tus propios bolígrafos.
✔Vestirte apropiadamente de acuerdo a la edad, la ocasión, la época del año y la hora del día.

✔Nunca olvidar que alguien te está mirando y puede ser tu futuro empleador.

✔Valorar tu tiempo y el del empleador.

✔Elaborar un buen resumé y mantenerlo siempre actualizado.

✔Asegurarte de saber dónde es el lugar de la entrevista para evitar que llegues tarde.

✔Llevar contigo por lo menos dos identificaciones.

✔Ser amable pero evitando el exceso de confianza.

✔Apagar la lengua y encender los oídos.

✔Mantener una buena postura.

✔Caminar erguido y en actitud de ganador.

✔Contestar diciendo: «Sí, señor», «No, señor», eso luce bien y marca esa línea invisible del respeto.

✔Llevar las preguntas que tienes que hacerle al empleador en una tarjetita.

✔Llevar contigo una libreta para tomar notas durante la entrevista para causar buena impresión.

✔Mantenerte enfocado y atento para responder adecuadamente.

✔Respirar profundo antes de responder.

✔Ser honesto, cuando no sepas algo dilo.

Los no:

✔Evita usar perfume para la entrevista.

✔No uses escotes ni telas en materiales brillantes o colores chillones.

✔No uses tus lentes de sol sobre la cabeza, al llegar al sitio de la entrevista guárdalos en tu cartera.

✔No presentes tu resumé doblado o todo maltrecho, la nitidez es una regla de oro, ponlo en una carpeta donde pueda conservarse bien.

✔No vayas acompañado a la entrevista, eso te hará sentir nervioso y preocupado, debes ir más solito que la una. Es a ti a quien van a entrevistar y no a tu mamá o a tu esposa.

✔No lleves las manos ocupadas con las llaves o el celular, mantenlas libres para saludar.

✔Evita fumar antes de la entrevista, ni su majestad el chicle ni la reina menta pueden con eso.

✔Evita las carteras tipo valija.

✔Ni mentas ni chicles durante la entrevista. Tu boca debe estar libre y conectada a tus oídos para contestar correctamente.

✔No hables mal de nadie, así te recomas el hígado por lo que te hizo tu antiguo empleador.

✔No bosteces.

✔No gesticules demasiado que asustes al entrevistador.

✔No interrumpas al empleador.

✔No excedas los límites de confianza.

✔Evita hacer comentarios de sexo, religión, nacionalidades, política, así sea que el empleador trate de tocar el tema.

✔No le celebres a carcajadas todo lo que diga el empleador.

✔No mientas, es muy triste y penoso que nos agarren en la mentira.

✔No te atribuyas méritos que no posees.

Hasta aquí algunas de las luces verdes y rojas que debemos tomar en cuenta durante la búsqueda de empleo y la entrevista de trabajo.

La red de amigos   4

Bien dice la palabra de Dios que un amigo es más que un hermano, no solo en tiempos de necesidad lo podemos comprobar sino también en los de éxitos. ¿Por qué en tiempo de éxito también? Yo les he enseñado a mis hijos lo siguiente:

> «Con frecuencia oímos decir que los amigos se conocen mejor en los tiempos de pruebas, pero quiero que sepan si ustedes son amigos de sus amigos no solo en esos tiempos sino cuando ellos logran metas y les va bien. Y si se gozan con los logros de sus amigos y no sienten los escarabajos de la envidia rondándoles el corazón y el estómago, entonces ustedes son amigos de sus amigos».

Los amigos deben reír y llorar juntos

En ese tiempo de desierto buscando empleo, en que las cosas se nos ponen color de hormiga, uno de los recursos disponibles es recurrir a los amigos, ¿por qué? Porque ellos nos pueden ayudar con ideas y también a ponernos en contacto con personas y empresas que conozcan para que podamos solicitar una posición laboral.

El proceso empieza con una llamada para dejarles saber que estamos buscando empleo y que necesitamos de su ayuda, que si saben de alguna oportunidad laboral, por favor, nos llamen de inmediato. Otra manera es solicitarles que si les podemos enviar unas copias de nuestro resumé para que las tengan a la mano en todo momento y sin pérdida de tiempo nos presenten a través de nuestra hoja de vida con el futuro empleador.

Debo decirte que está comprobado que muchísimas posiciones dentro de las empresas son ocupadas por las referencias de alguien que ya está trabajando dentro de la compañía. Si eres un excelente empleado y te recomiendan, te digo con gozo que ya llevas las de ganar; pues no solo cuenta lo que diga tu resumé sino que el récord de buen empleado que tenga tu amigo que te está recomendando. Ese récord se va a reflejar en ti, pues el empleador lo toma como referencia de que si él es un buen empleado, su amigo o pariente que está refiriendo para la posición dentro de la empresa será igual que él.

Cuando refiero a alguien con uno de mis empleadores, le pido que por favor si lo emplean sea eficiente, que yo le estoy ayudando a abrir una puerta que lo bendecirá a él y que por lo tanto no me la cierre para los demás que pueda referir en el futuro. Gracias a Dios mis empleadores siempre me dicen: «Hada María, mándame una persona tan profesional como la que me enviaste la última vez», y eso es una constante, pues les hago conciencia de la importancia de mantener su empleo y al mismo tiempo no cerrarme la puerta ni a mí ni a los futuros candidatos. Esto no solo se aplica para trabajos de oficina, sino también en empleos como los de almacén y producción.

Por ello, en este caso particular, te suplico que estimes a tu amigo y que confirmes que él no estaba equivocado al referirte para que ocupes la vacante de la fábrica donde ha estado laborando por muchos años. Sé agradecido y considerado, sé ese trabajador que confirma que valió la pena que se le diera una oportunidad y al mismo tiempo le dé prestigio a su amigo que con su gesto bondadoso y desinteresado te ha bendecido con un trabajo.

Conozco casos muy dolorosos de personas que han ayudado a sus parientes y amigos y luego llegan y se hacen los «gatos bravos», y con esa actitud perjudican a quienes los trataron de ayudar. Sé **agradecido.**

Te pido que tomes en cuenta estas palabras y que hoy mismo prepares y actualices tu resumé, elabora tu lista de amigos y conocidos que puedan ayudarte en tu búsqueda de empleo y en la distribución de tu resumé.

No me cansaré de decirte que buscar empleo es como establecer una empresa, sé organizado siempre. Lleva un récord de los amigos a quienes llamas, los nombres de las empresas con las que ellos trabajan, cómo respondieron a tu llamado y a quiénes les diste tu resumé. Deja un espacio para anotar los resultados.

De nuevo, un amigo es más que un hermano. Cuídalo, estímalo y pídele su ayuda.

Agencias de empleo a la carta 5

Conseguir un buen trabajo estable y que ofrezca beneficios es la prioridad número uno, ya sea para los que están radicados desde hace muchos años en los Estados Unidos como para los recién llegados.

Uno de los puntos de partida es informarse acerca del mercado laboral, cuáles son las profesiones de mayor demanda y mejor remuneradas, recursos y medios disponibles para buscar un empleo, cómo prepararse para una entrevista de trabajo, etc. Sin esta información, caminarás desorientado y perdiendo tiempo y dinero.

Es muy importante que te determines a lograr la meta de un trabajo estable y olvidarte de que no es asunto de suerte sino de una excelente actitud, una sabia preparación y una apariencia personal apropiada. No menos importante es dejar de pensar como desempleado para pensar como empleador.

En este capítulo vamos a transitar por uno de los caminos más «recorridos» por las empresas: buscar su personal a través de las agencias de empleo gubernamentales, privadas y de los famosos buscadores de talento profesional.

Vayamos por la arteria de las agencias gubernamentales. Yo trabajo en una de estas y se encuentran esparcidas por toda la nación, somos los puentes que se establecen entre el que ofrece empleo —el empleador—, y el que busca empleo —el desempleado—. En estos centros manejamos mucha información, les facilitamos el acceso a computadoras con

Internet rápido y un gran banco de datos de empleos de todo tipo. Ahí pueden usar las fotocopiadoras, los faxes y las impresoras, reciben asesoramiento en el área laboral y aprenden cómo hacer un buen Resumé u Hoja de Vida. No somos en sí una agencia de empleo sino que, como dije antes, realizamos las funciones de puente. Ponemos en contacto al que ofrece empleo con el que lo busca y todos los servicios que proveemos ¡son gratis!

También algunas instituciones educativas en tu comunidad tienen recursos para ayudarte a conseguir empleo, por ello es oportuno que busques en tu universidad o preuniversitario más cercano lo que conocemos como «bolsas de empleo», que se pueden ajustar a sus necesidades, como por ejemplo lo que respecta al horario de estudios.

Hoy en día, en este mercado laboral tan dinámico, las agencias de empleo juegan un papel importante, entre las que están las agencias privadas pero... no confíes en las que te pidan dinero adelantado por servicios «futuros». Las agencias NO pueden cobrar dinero por sus servicios, estos son **pagados por el empleador que los contrata para que les consigan el personal.**

Hay tres tipos de empleados que las agencias contratan:

✔El empleado temporal: Es el que se contrata para empleos de un día o de jornadas cortas. Por ejemplo, nosotros recibimos órdenes de trabajo temporal para almacenes que necesitan cargar y descargar mercadería. Es un trabajo que puede durar un día, de acuerdo a la necesidad del empleador. Existen agencias especializadas en este tipo de actividad temporal.

✔El empleado de temporal a permanente: Son aquellos empleados cuyo periodo de labores es de uno a noventa días y su salario es pagado por la agencia de empleos que los contrata.

✔El empleado permanente: Por lo general debe pasar tres meses de prueba, es contratado y pagado por la agencia de empleo, pero después de los noventa días pasa a ser parte de la nómina de la compañía. Esta es la encargada de pagar directamente su salario y darle sus beneficios, si es que los hay.

Ninguna agencia gubernamental o privada debe cobrar por sus servicios a sus miembros. Los únicos que cobran por sus servicios son los llamados «Buscadores de talento profesional» [Head Hunters].

Pero ¿quiénes son estos cazadores de talentos y cómo trabajan?

Son expertos contratados por las grandes corporaciones con el objetivo de encontrar profesionales especializados para empleos en el campo de las finanzas, bolsa de valores, áreas específicas de salud, etc. Ellos cobran un porcentaje sobre el salario de lo que el profesional va a devengar. Por lo general, estos cazadores de talentos trabajan buscando empleados que puedan ganar sueldos de unos setenta y cinco mil dólares al año.

También hay profesionales que los solicitan de manera directa para que les ubiquen un empleo en su ramo profesional. Sé de un caso muy cercano que contrató a uno de estos buscadores de talento y obtuvo muy buenos resultados.

Cuando se está desempleado y sin ingresos, el tiempo es sinónimo de dinero; por eso es que es tan importante explorar los recursos existentes. Para cada situación hay una manera de acortar el camino a la meta de conseguir empleo.

Te recuerdo que este es un camino que puedes transitar con aplomo y por corto tiempo, siempre y cuando estés determinado a recorrerlo. Lo más importante es que estés bien informado.

No te «cases» con una sola agencia de empleo. Inscríbete en varias y lleva en una libreta un récord de cada una de ellas con sus teléfonos, direcciones y la persona con la que estableciste contacto, así como la posición que estás solicitando.

Por favor, no te desanimes. Los recursos están disponibles, ponlos a trabajar para tu propio beneficio y no se te ocurra ni por chiste pagar por adelantado a ninguna agencia de empleo que te ofrezca villas y castillos. Algunas de ellas desaparecen del mercado con sus ilusiones y tu dinero.

Y una última sugerencia: Prepárate anímicamente para salir victorioso en este tiempo de prueba.

Un resumé, no una biografía 6

Muchas personas vienen a mi oficina y me dicen: «Hada María, vengo para que me ayude con el resumen».

Se trata del famoso resumé, que al final de cuentas no es otra cosa que el resumen, un recuento brevísimo de los datos más importantes de la persona, su experiencia laboral, sus habilidades y su educación. Datos que el empleador necesita para considerarlo para ocupar determinada vacante que tiene en su empresa y que necesita llenar.

Como lo he dicho tantas veces y espero que no suene como disco rayado, el resumé debe ser elaborado de manera profesional, precisa, al punto y sin errores. El resumé es lo que va a informarle al empleador quién eres tú antes de llamarlo o no a una entrevista de trabajo; por ello no tomes a la ligera su elaboración.

Es realmente la manera primaria y eficaz de venderte tú mismo a alguien que no te conoce en persona y aún no ha tenido la oportunidad de saber qué maravilloso eres y lo mucho que puedes aportar a la compañía. En otras palabras, el resumé es tu agente de promoción.

Esta herramienta puede ser distribuida entre sus amigos y conocidos, enviarlo por correo, vía fax, entregarlo personalmente al empleador o enviarlo por correo electrónico. También puede servirte como tu banco de datos a la hora de llenar una solicitud de trabajo.

Básicamente el resumé debe contener tus datos personales, como nombre completo, dirección y teléfonos, para que el empleador te pueda contactar por tierra, aire o mar.

Por favor, actualízalo cada vez que sea necesario, nada de usar líquidos para borrar o peor aun tachones para anotar tu nuevo número de teléfono, ya eso te descalifica de antemano delante del empleador, la NITIDEZ es elemental a la hora de presentar el resumé.

El empleador busca personas serias y que valoren los detalles.

El resumé puede ser de varios tipos:

1. El cronológico: Presenta la información de acuerdo al tiempo en que se desarrolla la experiencia laboral, educación y más. Brinda la información del trabajo y el grado de educación más reciente. A los empleadores les gusta mucho este tipo de resumé pues es fácil de leer.

2. El funcional: Describe las funciones que el candidato ha desempeñado, es adecuado para las personas con mucha experiencia laboral. No es tan relevante lo de las fechas, sino el orden de importancia de los trabajos en los que te has desempeñado.

3. El creativo: Es ideal para las personas que poseen destrezas muy originales, por ejemplo para periodistas, artistas, escritores o publicistas.

Puedes incluir las referencias pero no olvides pedirles permiso a las personas y explicarles que estás buscando empleo y necesitas dar sus nombres, si te lo autorizan, como referencia. No es necesario poner los nombres y los teléfonos en el resumé, pero debes tenerlos listos por si el entrevistador los solicita.

Por favor, no pierdas de vista que el resumé es un resumen. Y que el empleador no tiene mucho tiempo para estar leyendo resumés de tres y hasta cinco páginas. Recuerda que es una herramienta para destacar tus habilidades.

El resumé ideal debe tener como máximo dos páginas.

Dicen los expertos que en unos diecisiete segundos el empleador capta la información y puede tener una idea del candidato y seleccionarlo para una posible entrevista. Es muy probable que no vuelvas a tener una oportunidad, por ello debes darle la importancia que requiere.

No es necesario destacar tu salario anterior, esto más bien puede perjudicarte en caso de que el empleador esté pensando ofrecerte mejor salario, tampoco debes poner tu promedio de notas, pasatiempos favoritos, estado civil, etc.

Ve al grano y, por favor, a medida que se desarrolle la entrevista ve brindando la información que el entrevistador te solicite.

Otro detalle importante es que la entrevista es solo eso: una entrevista, no un interrogatorio... no estás obligado a contestar todo lo que el empleador te pregunte. Él es un entrevistador, no una potestad, si bien es cierto que necesitas el trabajo; pero tú y solo tú debes tener el control de contestar o no esas preguntas que a veces no son precisamente profesionales...

Piénsalo y actúa...

Modelo de un resumé básico

En el capítulo anterior abordé el tema de cómo elaborar un resumé o currículo. Aquí quiero brindarte la forma de elaborar ese documento de manera sencilla, al punto.

La forma en que te lo voy a dar es solo como un punto de partida, un anzuelo, una plataforma de lanzamiento que te ayudará a comenzar esta tarea.

Datos personales:

Nombre:

Dirección:

Teléfonos:

Correo electrónico:

Objetivo: (Esto es opcional, es para describir el tipo de trabajo que quieres realizar, básicamente la motivación que tienes para hacerlo.)

Experiencia laboral: (Fechas en las que estuviste empleado, nombre de la empresa, responsabilidades de trabajo, puesto que desempeñaste.)

Educación: (Fechas, nombre de la institución educativa, título o diploma que obtuviste, certificaciones relacionadas con tu trabajo, si ya tienes un grado de universidad está de más mencionar la escuela primaria.)

Habilidades o destrezas: (Cosas que puedes realizar y que benefician a la empresa, por ejemplo: si estás solicitando un trabajo de atención al cliente, destaca que tienes habilidades para comunicarte, trabajar bajo presión y en equipo.)

Referencias: (No es necesario dar los nombres y los teléfonos; esto es para que si el empleador quiere corroborar una información la tengas disponible.)

Aquí tienes, mi querido lector, un buen comienzo, ¡manos a la obra!

La entrevista de trabajo 8

¿Qué es una entrevista? ¿Cuál es el propósito de la entrevista? La entrevista es una conversación entre el entrevistador y el solicitante, cuyo propósito es que ambas partes intercambien información. La entrevista continúa siendo **el primer método** que las compañías usan para evaluar al solicitante. Muchos estudios han demostrado que los candidatos entrevistados y seleccionados para una posición son notificados en el lapso de diez días.

La entrevista se basa en el perfil del trabajo y en la descripción de la posición, por eso es que es muy importante que leas cuidadosamente la descripción del empleo que aparece, por ejemplo, en un anuncio clasificado. Así tendrás una idea de la manera en que la entrevista será conducida por el entrevistador.

Aspectos que el entrevistador toma en cuenta:

1. Comparar la solicitud del candidato a la posición con el resumé y los requerimientos específicos del empleo. Cuando estés llenando una solicitud de empleo, toma como «banco de datos» tu resumé. Los datos deben ser fidedignos.

2. El entrevistador formulará preguntas de acuerdo a las cualidades y calificaciones que busca.

3. Durante la entrevista te irá presentando paso por paso los detalles de la posición, información de la empresa y los

departamentos. Aquí entra en juego el arte de saber escuchar, lo cual dará como resultado contestar apropiadamente.

4. Te hará preguntas sobre situaciones relacionadas con la posición, te pedirá que resuelvas o aportes tu punto de vista en cuanto a situaciones específicas. Nunca te **expreses mal de tu empleador anterior**, así te estés quemando por poner sobre la mesa la realidad de tu relación con tu antiguo empleador. Te recuerdo que si lo haces, el único perjudicado serás tú. **No olvides que el empleador es solo eso, no es tu confidente. Sé cuidadoso con todo lo que hablas, limítate a contestar solo lo que te pregunten.**

Tanto el entrevistador como el solicitante tienen sus propios fines. El entrevistador permite que se aclaren los puntos de la posición que el solicitante necesita le sean aclarados. El entrevistador provee información sobre la empresa, el trabajo y lo que espera del solicitante.

Contenido de la entrevista:

1. La experiencia: El entrevistador explora durante la entrevista los conocimientos, habilidades y cómo trata las responsabilidades del trabajo el solicitante. Con eso el empleador puede evaluar si el candidato puede ser la persona indicada para la posición.

2. La preparación académica: En ausencia de una amplia experiencia laboral, la preparación académica cobra gran importancia. Algunos gerentes toman en cuenta el índice académico, cómo se desenvuelve la persona en el trabajo, sus actividades extracurriculares y otro tipo de actividades que influyen en el desarrollo académico del candidato.

3. Destrezas: Algunas posiciones requieren destrezas y conocimientos muy técnicos que se pueden complementar con el trabajo que se ofrece.

4. Cualidades personales: Apariencia personal, habilidad para expresarse, vocabulario que utiliza, flexibilidad para adaptarse y cuán acertado y ágil es el candidato para desenvolverse en la entrevista y, por ende, en el trabajo.
   Las relaciones interpersonales son tomadas muy en cuenta. Es un error pensar que el entrevistador solo se enfocará en los aspectos técnicos; el impacto personal del solicitante ejerce gran influencia en la decisión del entrevistador.

5. Ajuste organizacional: El entrevistador puede evaluar al posible empleado en cuanto a cómo podrá ajustarse a la cultura de la compañía o al sistema de valores de la misma.

El papel del entrevistado

Aunque el entrevistador proveerá durante la entrevista, información de la compañía, el solicitante por su parte debe hacer su tarea de investigar sobre la compañía. El Internet es una excelente herramienta para obtener ese tipo de datos. En resumen, el candidato debe saber detalles de la empresa.

Especialmente para solicitantes de posiciones administrativas, el candidato debe ser honesto, y en ningún momento divagar con los datos de su resumé.

Objetivos del solicitante durante la entrevista:

1. Escuchar atentamente para comprender lo que le digan.

2. Tener la amplia oportunidad de presentar sus calificaciones.

3. Ser tratado con justicia y respeto.

4. Obtener información detallada del trabajo al cual está optando.

5. Tomar una decisión.

Los candidatos deben conocer las habilidades que necesitan mejorar para tener una entrevista exitosa. Si la entrevista resulta positiva para el solicitante, el proceso continúa pero si no, el candidato no será considerado para la posición.

Ahora puedes ver cuán importante es este tema de prepararse para una oportunidad de empleo. Te dejo para que lo pienses… y actúes.

Factores que influyen en la entrevista de trabajo

En la búsqueda de empleo cuentan:

✔La actitud
✔La preparación
✔La experiencia
✔La apariencia personal

Una de las cosas que hacen sobrevivir al ser humano en su búsqueda de empleo es la actitud. Hay personas que enfrentan la dura realidad de estar desempleados con una actitud negativa, tóxica. Y por ello no pueden tomar decisiones correctas, pues con esa actitud tan repelente ahuyentan hasta a aquellos que están en la mejor disposición de ayudarlos.

La estima personal juega un papel importante en cuanto a la forma en que las personas reaccionan positiva o negativamente ante las situaciones de la vida que no pueden controlar, como por ejemplo la de haber perdido el empleo. El mercado laboral es muy dinámico y solo sacan provecho de las oportunidades aquellos que tienen una actitud positiva.

La preparación es importante y esto se refiere, por ejemplo, a tu resumé, la forma en que estás preparado para una entrevista de trabajo tanto con tu actitud, como con tu apariencia personal.

Debido a que muchas personas están solicitando el mismo empleo, solamente aquellos que conocen y están preparados en el «arte de entrevistar» son los que pueden salir con el trabajo en la mano. Y en cuanto a la experiencia, debes contar tanto con los conocimientos como con la experiencia para solicitar esa posición de trabajo que te puede brindar seguridad financiera y estabilidad laboral.

Y un cuarto elemento que no debes dejar sin atender es la apariencia personal. Una persona que vista con nitidez, de acuerdo a la ocasión, la época del año, la edad y la hora del día, se verá mejor en una entrevista de trabajo que un solicitante que llegue con la ropa ajada y vestido de manera inapropiada. Nunca olvides que en asuntos de entrevistas de empleo «el hábito sí hace al monje».

Cuando tengas la habilidad de conjugar estos cuatro elementos:

✔Actitud
✔Preparación
✔Experiencia
✔Apariencia personal…

… Estarás listo para realizar una entrevista de trabajo exitosa.

Evita estos errores en la entrevista de trabajo

Este capítulo lo enfocaremos como esas luces rojas que se encienden para indicarnos las señales de peligro, ¿que soy dramática? Créeme que no, si como yo tienes que estar constantemente tragando petróleo, viendo uno tras otro los errores que las personas cometen por no conocer que la búsqueda de empleo requiere de cierto arte, y las entrevistas ni qué decirlo.

A veces quisiera que la tierra me tragara durante las entrevistas de trabajo en los eventos de reclutamiento que las compañías realizan ya que por la naturaleza de mi trabajo me he convertido en una especie de puente entre el que ofrece empleo, que no es otro más que el empleador, y el que busca empleo. Y veo casi horrorizada cómo se aparecen los solicitantes. En primer lugar, vestidos inadecuadamente. Así sea para solicitar un trabajo de almacén o producción o de oficina, cometen los mismos errores y es por ello que me he dado a la tarea de llevar una campaña por los medios de comunicación diciéndoles sin cansarme que esto no es un juego, que deben estar listos para no perder su tiempo, energía, ni recursos económicos, y mucho menos su ánimo.

No creas que escuchar constantemente como respuesta un: «Yo lo llamo», no es como un balde de agua helada, y lo peor de todo es que estamos cometiendo los mismos errores y no nos hemos dado cuenta. Por ello, mi querido lector, prepárate y amárrate tus cinturones, las luces rojas están a punto de encenderse.

En primer lugar, eres la única persona a cargo de tu estado de ánimo. No te aflojes, que sin fuerzas emocionales y físicas no podrás terminar la carrera hacia el empleo. Sé dinámico, la pereza y la flojera no tienen cabida en este momento de tu vida. Invierte tiempo, pero con inteligencia, en tu búsqueda de empleo: lee, infórmate, llama, investiga cuáles son las fuentes y recursos de ayuda disponibles en tu búsqueda de empleo, planea tu día. No pierdas de vista que tu capital es tu tiempo. No te ofusques ni hagas las cosas a la loca.

No desestimes el potencial de tus amigos y familiares para convertirlos en tus «agentes» de información e influencia para ayudarte a encontrar un empleo.

Como dije en otro capítulo, mantén tus oídos abiertos y tu lengua moderadamente apagada. Habla poco y oye mucho. Cuando hablamos como unas cotorras en concurso demostramos inseguridad. Prepárate para una buena entrevista de trabajo, no dejes sin atender ningún detalle; como tu ropa, documentos, lista de preguntas y repuestas a las posibles interrogantes que el empleador puede hacerte, para eso te proveeré una lista de estas y que no te tomen por sorpresa.

No dejes de elaborar una lista de tus recursos tanto como de habilidades, experiencia y posibles empresas que puedan estar interesados en ti. No empieces por hacer la primera entrevista en la empresa que más te gusta, asiste antes por lo menos a unas dos. Te hará sentir más seguro y, por lo tanto, en ventaja.

No se te ocurra asistir acompañado a una entrevista de trabajo y menos con niños o adolescentes. Tampoco con tu mamá, tu tía, tu cónyuge, tus amigas, en fin debes ir a tu encuentro con el éxito más solo que la una. Eso de llevar una «comitiva» da una mala impresión y, como si fuera poco, te hará sentirte nervioso e incómodo.

Durante la búsqueda de empleo no permitas que tus niños contesten el teléfono. Esto es de vital importancia. Ellos no tienen ni la madurez ni el interés para convertirse en tu representante y contestar acertadamente. Por favor, ten siempre el control del teléfono y permanece LOCALIZABLE.

No olvides los documentos necesarios que debes mostrarle al empleador, como tu tarjeta de seguro social, permiso de trabajo, etc. Tampoco te aparezcas todo atolondrado y con los pelos de punta culpando al tráfico infernal. Si estás atrasado por ese mismo tráfico, por favor, llama y avisa que estás corriendo y estás atrasado por un accidente, siempre que sea cierto… Para evitar este tipo de cosas, recomiendo que el día anterior ensayes cómo está desenvolviéndose el tráfico a esa hora del día. A veces nos tocan las entrevistas en la hora pico, mejor cúrate en salud y sal con tiempo.

¡No hables mal de NADIE! Así te estés quemando por decir algunas «cosillas» de ese jefe poco «profesional». Durante la entrevista, no acapares la conversación para «echarte flores». Entre tu resumé profesional y verídico, tu actitud cortés, tu buena presentación y prudencia establecerán el marco ideal para que a medida que la entrevista se desarrolle puedas venderte con astucia. Menciona tus destrezas y habilidades pero sin exagerar, no olvides que el entrevistador es un profesional. No menosprecies todos los recursos disponibles para proveerte información de empleo, también de estos estoy proveyéndote una lista, a veces algunos de estos recursos que nos parecen poco convencionales son los que dan resultado.

El primer propósito de este libro es ayudarte a prepararte para ese momento cumbre. Puedes empapelar la ciudad con tu resumé, inclusive concertar entrevistas de trabajo y no es porque yo lo diga sino los expertos y la experiencia, de que si no tomas en serio este asunto y no te preparas seguirás dando tumbos. Así es que te pido, por favor, tomes en cuenta las sugerencias contenidas en estas páginas y no te conformes con solo esto, sino que continúes prepárandote y verás los resultados.

No seas soberbio, ten un espíritu enseñable y recogerás frutos de éxito.

11

Cómo llenar una solicitud de empleo

No lo tomes a la ligera, por favor. Este detalle es importante: No te presentes a una entrevista de trabajo sin dos lapiceros, por lo menos uno de tinta azul y otro con tinta negra. Y si estás solicitando empleo en los que se requiera realizar operaciones relacionadas con las matemáticas lleva un lápiz de grafito, o de carboncillo. Es muy desagradable que llegues a solicitar un trabajo y le pidas prestado el lapicero al entrevistador. No quiero ni por chiste estar en tus zapatos. Este detalle tan sencillo envía un mensaje como este: «No sé qué estoy haciendo aquí ni a qué vine», y es eso lo que el empleador percibe. Cuidado con descuidar los pequeños detalles.

La solicitud de empleo refleja lo que eres, por lo tanto pienso que no te gustaría que se expresaran mal de tu persona. Así es que si lo que deseas es causar una buena impresión completa, toma en cuenta estas sugerencias a la hora de llenar una solicitud de trabajo:

Para comenzar cerciórate de que tus manos estén limpias, sin restos de comida o sudor.

No estrujes el formulario de modo que al entregarlo esté irreconocible de lo arrugado y sucio. Esto le pondrá los pelos de punta al entrevistador.

Evita los manchones y mucho más tachones de cualquier tipo.

Antes de comenzar a llenar la solicitud, por favor, toma unos minutos para leerla detenidamente y apunta en un papel las cosas que no entiendas bien para preguntarle al empleador.

Lleva tu resumé contigo, esto te ayudará a llenar la solicitud con más exactitud. He visto a candidatos a un empleo llamando a gritos a sus parientes para preguntarles si recuerdan cuándo fue que trabajaron en tal o cual lugar, eso luce fatal. Yo he querido que la tierra me trague al ser testigo de esos errores garrafales.

Cuídate de poner información que no sea cierta, el empleador corrobora la información que le provees.

Además del resumé, ten contigo los nombres y teléfonos de las personas que darán referencias tuyas. Hay algunas compañías que son específicas pidiendo referencias comerciales; así es que además de las personas a nivel personal lleva por lo menos tres nombres de tus empleadores anteriores, el título de tu posición por ejemplo supervisor, coordinador, gerente y más, con las fechas en que trabajaste en la compañía así como los teléfonos.

No tomes a la ligera si la solicitud dice que llenes los espacios con una equis o una visa (símbolo de revisar), esto cuenta, le deja saber al empleador que eres capaz de seguir instrucciones.

Hay muchos tipos de solicitudes de empleo, pero solo un tipo de persona que gana la posición: el organizado, enfocado, que sabe seguir instrucciones y que está atento a los detalles, tú.

La apariencia personal cuenta

12

Todo en la vida tiene su tiempo y, por lo tanto, debemos estar conscientes de nuestros actos y darle la justa importancia a las cosas.

A veces juzgamos a la ligera y pensamos que eso del «envoltorio» no es relevante. Bueno, si eres como yo —que cuando voy de excursión uso la ropa más vieja y cómoda— te doy toda la razón. No creo que a los osos, los pájaros ni a los cocodrilos les interese mi vestimenta. Pero no siempre podemos aplicar ese concepto, especialmente si estamos buscando empleo o si nos paramos ante un grupo de personas y estamos vestidos como que si se nos perdió la combinación.

Te tengo una noticia tal vez no muy agradable, y es que debemos vestirnos de acuerdo a nuestra edad, época del año, ocasión y hora del día, sobre todo cuando vamos a una entrevista de trabajo. ¡Ni modo, nos toca!

La primera impresión se relaciona con esa famosa envoltura: depende de la vestimenta que llevemos. Los seres humanos somos así. Muchas cosas nos entran primero por los ojos y no en vano es que las palabras solo representan un pobre siete por ciento a la hora de causar una buena impresión. El papel protagónico se lo lleva la apariencia personal. ¿Qué te parece el dato? Cuando lo aprendí también me quedé anonadada.

Pero el asunto no es nada complicado. La apariencia personal cuenta para una entrevista de trabajo tanto como cualquier otra característica. Así que nuestra vestimenta debe ser discreta. Debemos evitar ser el foco de atención que capte la mirada de forma inmediata por lo que usemos: pinturas chillonas, exceso de maquillaje, perfumes desagradables, joyería exagerada, peinados al último chillido de la moda, etc. Si bien es cierto nuestra vestimenta es importante, pero no debe llamar la atención del empleador. Al ser discreta, la vestimenta se convierte en un marco para destacar nuestras habilidades.

Hay un dicho que reza: «Al pueblo que fueres haz lo que vieres» y esto cae como anillo al dedo a la hora de elegir nuestra ropa para una entrevista de trabajo. Vístete como el empleador te espera y no como tú quieres, ese no es el momento de ponernos creativos. Olvídate de la arrogancia: «Yo soy así y si quieren que trabaje para ellos que me acepten tal cual soy».

Mi amigo, te quedarás echando raíces pues el que tiene el control es el empleador, en otras palabras, él paga por tener en su nómina personas de acuerdo a la visión de su empresa. Y si esa visión incluye vestir profesionalmente, lo siento, pero no serás parte de esa nómina por sobreestimarte. Ten una estima personal sana, pero no al punto de desafiar las leyes de la apariencia personal adecuada para tal o cual empleo.

Solo unos consejos muy rápido para evitar que cometas errores a la hora de tratar tu apariencia personal. Evita usar:

✔Ropa ajustadísima, en otras palabras asfixiante.
✔Ropa muy holgada, como que si el difunto era muy grande.
✔Peinados exóticos, no es un pasarela.
✔Zapatos de tres pisos. Con plataformas enormes.
✔Ropa de cuero o, peor aun, imitación de cuero.
✔Ropa deportiva.

✔Pantalones y cinturones de vaquero, a no ser que esté solicitando trabajo en un rancho o en una hacienda de ganado.

✔Colores chillones.

✔Zapatos sucios.

No me cansaré de repetir que en asuntos de apariencia personal para las entrevistas de trabajo el hábito sí hace al monje.

Invierte un poco de tiempo y da una vuelta unos dos días antes por el lugar de la entrevista para ver cómo se viste el personal. Toma eso como referencia. Te aseguro que ese esfuerzo le dará buenos frutos, uno de ellos es que te sentirás cómodo y más confiado con parte del terreno ganado, el de la primera impresión.

Ropa, ropa, ropa 13

Sé que este capítulo te encantará. En el mundo de hoy el asunto de la ropa les interesa tanto a los caballeros como a nosotras las damas, tal vez a nosotras un poquito más, ¿solamente un poquito más? Dejémoslo de ese tamaño.

Las tiendas y los catálogos por correo nos ofrecen cantidades de opciones y por lo general destacando lo que está de moda, pero cuidado. ¡Alto! Luz roja. No podemos dejarnos llevar siempre por lo que nos atrae o nos gusta, sino pensar en lo que necesitamos y nos siente bien. Claro que no vamos a andar vestidos como un «retrato», siempre igual, y es aquí cuando entra en juego la creatividad.

Cuando vayamos de compras debemos tener una actitud como la de las viejitas casamenteras, ¿qué es eso? Que debemos recordar lo que hay en nuestro clóset y que esté esperando un compañero para lucir hermoso. No compres por emoción, puedes adquirir una prenda en colores de moda pero que pueda combinarse con alguna falda, pantalón o traje que ya tengas. Somos personas que no contamos con presupuestos casi infinitos, dentro de nuestras necesidades está el guardarropa, pero tenemos un límite de dinero y por ello debemos ser compradores inteligentes.

Lo conservador que combine con algún toque moderno no está en conflicto, pensemos en un traje azul marino que no siempre tiene que combinarse con blanco. Este azul es muy versátil y siempre luce bien, puedes combinar la chaqueta con una blusa de rayas blancas y rosadas (para una entrevista no uses rayas, ya te lo expliqué en uno de los capítulos anteriores) con un blusa camisera estampada en flores con tonos azul, blusas de puntos, colores pasteles sólidos, una camisolita de tirantes como están ahora de moda (tank top). Como puedes ver, estás usando un color clásico pero puedes, según la ocasión, «rejuvenecerlo» y siempre lucir bien. Si le agregas los accesorios correctos, se verá espectacular. Claro, por supuesto, el collar… de perlas. Este puede ser de una sola o varias vueltas, desde los pequeños de dieciocho pulgadas hasta los largos que se llevan por fuera de las blusas.

De igual manera los hombres pueden dar un toque relajante a sus trajes, sin dejar de aplicar la regla de oro: según el clima, la ocasión, la hora y sin olvidar algo muy importante, la edad.

Las corbatas en combinación con el color de la camisa juegan un papel importantísimo. Un hombre puede estar vestido con un traje que al instante uno se puede dar cuenta que es caro, pero si no logra armonía entre el cinturón, el diseño de la corbata, el color de la camisa y los zapatos, te aseguro que de nada le sirve.

¿Quieres vestirte mejor? Mira las revistas especializadas o simplemente las que están en el mercado. No te dejes guiar por las que destacan las vestimentas de los famosos, pues son vestuarios para ocasiones muy diferentes y costosísimos.

He aquí un ejemplo práctico, me gusta fijarme en las presentadoras de noticias de la televisión. La mayoría de las veces lucen estupendas pero, además de tomar en cuenta lo que llevan, me fijo mucho en las combinaciones de colores que hacen, creo que en este sentido son innovadoras y acertadas.

Vamos a tomar en cuenta también nuestras proporciones. No todos los estilos son para todo el mundo. Primero analiza tu figura, piensa en la imagen que deseas proyectar y aplícate la regla de oro según la ocasión, el clima, la hora del día y la edad.

Voy a darte unas cuantas ideas acerca de tipos de ropa que nos favorecen tomando en cuenta nuestra figura. Vamos a llamar a esta sección: «Camufla tus imperfecciones». Nuestro estilo de vestir es clave para resaltar o esconder esas cositas que no queremos dejar a la vista. Debemos escoger modelos que nos favorezcan.

Dicen que a las mujeres se nos acumula el estrés en el estómago y creo que puede ser. Además, si le sumamos a esto que nuestro cuerpo cambia después de dar a luz, no nos vamos a conformar con eso y buscaremos la manera de mejorar nuestra imagen. Si la «pancita» no es muy grave, usa pantalones de corte recto, sin pliegues ni adornos, y la blusa tipo suéter con canalitos en la parte inferior.

¿Son las caderas anchas tu preocupación? Usa blusas largas, tipo túnica, de telas ligeras. Los colores oscuros son los más recomendables para disimular esas «curvas peligrosas». Cuando compres tus chaquetas para el trabajo, procura que sean largas con bolsillos al frente.

En cuanto a las faldas, las holgadas y de largo abajo de la rodilla ayudan a disimular el exceso de curvas, y para un estómago más allá de lo que deseamos es recomendable usar faldas con estampados de flores, pero flores pequeñitas, más bien que un diseño cargado. También los pantalones de líneas rectas y bolsillos en el frente de un material sintético ayudan a mejorar la figura.

Ahora vamos con las personas delgadas, entre las que estoy yo. Los vestidos que mejor nos sientan son los entallados de un largo hasta la rodilla y si queremos estilizar más la figura un vestido entallado en cuello V es lo ideal.

Me gusta decirles a mis estudiantes, las damas, por supuesto que deben tener dos vestidos en su guardarropa que yo llamo los de «reír y llorar», de corte conservador. Uno es el famoso «vestidito» negro y el otro de un tono gris o bien kaki si lo prefieres, que sean de una línea sencilla para que te des gusto cambiándoles la apariencia y adaptándolos a las «circunstancias». El gris con una flor roja se ve espectacular, el negro con un collar de varias vueltas o uno largo, ni para qué decirlo. El caqui con una pañoleta o un lindo broche se vuelve diferente. Son vestidos que si un día deseas los puedes llevar a la oficina y en el fin de semana a una cena formal, al teatro o simplemente al cine con una chaqueta deportiva.

No es regla general, pero las personas delgadas necesitan estilizar su figura. Si quieres unas caderas estilizadas, te recomiendo las faldas en línea A, lo mismo se aplica para las personas con caderas más abundantes. Para mis «piernitas flacas» he encontrado un tipo de falda que me hace sentir bien y es el modelo de paletones. Cuando uno camina tiene un «juego» muy delicado y femenino. La uso de un largo hasta la rodilla y la combino con blusas tipo suéter simple, le agrego los accesorios y me olvido del grosor de mis piernas, ¡me siento fabulosa! Hay un modelo de falda que le favorece a todo el mundo y es el de corte recto. Ese modelo se presta para combinarlo de muchas maneras, es muy versátil.

El pantalón es una prenda muy socorrida y que no debe faltar en ningún guardarropa, es la prenda con la que todo mundo luce fantástico. El detalle, como siempre, es escoger lo apropiado.

Ten siempre como miembro oficial de tu guardarropa un pantalón de corte sencillo, sin pinzas, ni adornos para que el día que desees ponerte esa blusa moderna haya armonía entre la sencillez del corte de tu pantalón y las líneas de tu blusa última moda. Yo sé que hay días que deseamos innovar, pero no saques todo al mismo tiempo pues lucirás como un árbol de Navidad. Todo puede llevarse pero con sensatez, no estoy tratando de imponerte un estilo, solo estoy sugiriéndote algunas maneras de verte siempre regia. Cuando vamos a comprar una chaqueta, tenemos que pensar en nuestro tipo de vida y escoger de acuerdo a nuestro presupuesto la de mejor calidad.

La chaqueta larga, clásica, de tres botones, es para todo tipo de cuerpo. Además del tradicional azul, negro y gris compra un saco color caqui. No tienes idea de cómo saca de apuros y cuán versátil es. Lo puedes usar hasta con pantalones de mezclilla, además de los pantalones o faldas de vestir.

Nunca olvides que un par de zapatos inapropiados puede causar desastres en tu apariencia. Evita lo más que puedas, si tu presupuesto es limitado, comprar zapatos en colores claros, son muy delicados, además de difíciles de combinar. Procura los tonos azul, gris, negro, vino o café, no vas a tirar tu dinero. Selecciona líneas sencillas y tacones no muy altos para que los puedas usar tanto en la oficina como para salir. En los fines de semana y vacaciones casi todo es permitido y no dejes de aplicar la regla según la ocasión, la hora del día, el clima y la edad.

En las vacaciones queremos estar relajados, pero no quiere decir tirados al desastre. En otras palabras, comodidad o estilo casual no son sinónimos de facha. Una vez le hice pasar una pena a mi esposo. Estaba muy ocupada en casa y le dije que me llevara como un rayo al supermercado de nuestro vecindario, estaba vestida fatal, nada de lo que tenía puesto me combinaba y eso no era todo, los pantalones aunque limpios estaban desteñidos de cloro. Y mis zapatos de jardín estaban pidiendo a gritos que les diera de baja. Mi esposo nunca me ha tenido que decir nada por mi manera de vestir, pero esa vez en pleno super se encontró a dos de sus compañeros de trabajo. Imagínense, tener que presentar a una esposa toda desastrosa. Sé que lo apenó, pues en su profesión estar arreglado es importante, además pensarían que no estaba haciendo lo suficiente que tenía su esposa que andar casi en andrajos. Dios, mi esposo y yo sabemos que no es así, pero de nuevo «el hábito sí hace al monje». Mi esposo me pidió con amor que, por favor, no fuera al mercado de nuestro vecindario donde están sus dos oficinas en esa facha. Él tenía razón y solo asentí.

No es que tengas que ir al supermercado de tacones altos y traje de sastre, pero vivimos en un mundo donde podemos vestir con sencillez sin dejar de vernos bien.
Este libro está lejos de contener todo lo que debes saber al respecto, solo tiene como propósito darte la mano para que logres una apariencia mejor y que te sientas cómodo donde quiera que vayas.

No olvides nunca que la ropa no es un gasto, es una inversión.

14

Madres integrándose a la fuerza laboral

No es nada nuevo ni que nos tome por sorpresa que la fuerza laboral de los países, esté integrada por millones de mujeres que desde todos los puestos de trabajo —tanto de gran responsabilidad y relevancia como de puestos de producción— mueven la economía de sus naciones y de sus hogares. Y quiero aclarar aquí que ninguna de esas posiciones de trabajo funcionará sin la ayuda de las otras.

Por ejemplo para dirigir una fábrica de maquila se necesitan cientos de mujeres operando las máquinas como hormiguitas, así como los supervisores y la gerencia general. Es un engranaje como el de un reloj, que al fallar uno de sus elementos los otros se desajustan.

Por otra parte, muchas mujeres tienen el privilegio de poder dejar sus empleos y tomarse un tiempo para atender a sus jóvenes familias y es a ellas que voy a referirme en este capítulo.

Me siento solidaria con esas madres que pusieron a un lado sus carreras productivas que les permitirían ser parte del sustento financiero de sus hogares —y que en muchos casos ejercían carreras y profesiones que las llenaban de satisfacción—, pero que decidieron que la empresa «familia» era más importante y cambiaron los maletines ejecutivos, los viajes, las reuniones o simplemente las máquinas procesadoras de sus centros de trabajo por biberones, pañales y ollas en la cocina. Me las imagino como esas pajaritas en sus nidos, donde los polluelos están siempre hambrientos y demandando cuidados y atención.

Es un porcentaje bastante considerable el de esas madres que deciden volver a sus centros de trabajo después de haberse tomado un «sabático» para atender a sus hijos y ayudarlos a crecer en un ambiente acogedor y con cuidados de primera mano. A veces, cuando regresan a la fuerza laboral, se encuentran con un ambiente desconocido que durante su ausencia ha sufrido cambios drásticos y esa es la pura verdad, el campo laboral de hoy es muy dinámico, y hasta volátil diría yo. En algunos casos, si no toman las precauciones para su aterrizaje en el campo laboral, experimentan un aterrizaje forzado que muchas veces las hace sentirse como perdidas.

A mí me ocurrió exactamente igual, después de casi veintiséis años «involucrada» entre utensilios de limpieza, bregando con niños hambrientos y con miles de tareas, manejando dos horas en las mañanas y dos en las tardes para llevarlos a distritos escolares mejores, estirando el presupuesto familiar con cuatro hijos en fila con necesidades diferentes y todas urgentes. Me olvidé cómo era el mundo de los miembros de la fuerza laboral. Y creo que no soy la única que ha pasado por el trance de reincorporarse a ella toda oxidada.

Cómo me hubiera gustado que alguien me guiara en eso. Cada vez que recuerdo cómo llegué a mi única y primera entrevista de trabajo haciendo casi alarde de mi ignorancia, pues no tenía ni idea de que entrevistarse para un empleo y máxime en mis condiciones, requiere preparación. Me espantó. Pero salí adelante porque el empleador pudo ver mi potencial y la determinación que había en mí para lograr el empleo. Honestamente debo decir que si me tocara hacerlo de nuevo seguro que me prepararía mejor y no cometería los mismos errores. Esto se ha convertido en una de las motivaciones para trabajar con todo mi corazón por ayudar a otros a que no pasen por lo que yo pasé, ni cometan errores tan obvios como un resumé poco profesional, como el que yo tímidamente presente.

Cuando las madres decidimos volver a trabajar, debemos estar conscientes de que estamos obligadas a demostrar cómo nos desempeñamos en nuestros trabajos anteriores o el más reciente antes de «enclaustrarnos» voluntariamente. Creo que siempre es oportuno que durante ese tiempo del «sabático» nos involucremos en actividades comunitarias. Eso da la sensación de que no perdimos el contacto con el mundo exterior.

No te compliques con resumés superelaborados, opta por uno tipo funcional y resalta en él tus talentos y habilidades. Cuando hables con tu futuro empleador, no te desgastes justificando el hecho por el cual decidiste quedarte en casa. Simplemente expresa con toda naturalidad y aplomo: «Decidí quedarme en casa para ver y ayudar a crecer a mis hijos». Punto. Es una razón valida.

Prepárate bien, no escatimes tiempo en averiguar sobre la compañía en la cual deseas solicitar empleo, cuida los detalles de tu resumé, organiza bien tu tiempo, deja todo en orden con el cuidado de tus niños si es que te contratan de inmediato, ve con esa mentalidad, da una vuelta por la compañía y observa cómo se visten y entonces vístete adecuadamente, está lista para demostrar tus habilidades y energía. Es una decisión fuerte, pero si ya estás lista para tomarla no dudes que es el tiempo de volver a ser parte de la fuerza laboral.

Al principio no es muy fácil y lo sé de primera mano, pues en mi caso yo caminaba por la oficina dejando mis gotitas de sarro por el desánimo, pero hoy —a la vuelta de los años— me siento feliz, plena y con la absoluta certeza de haber tomado la decisión correcta.

Si yo lo hice, tú también puedes lograrlo. Solo es cuestión de prepararse mejor.

Dónde y cómo buscar empleo 15

En este caminar buscando empleo hay que estar dispuestos a ser creativos y a tener un espíritu enseñable, a ser humildes y mantenernos informados y enfocados. Quiero reiterarte que la actitud juega un papel protagónico pues sé que hay muchas fuentes disponibles que te facilitarán la obtención de un empleo, pero si tienes una actitud de derrotado antes de haber comenzado, ni que te lleven al trabajo a tu cama podrás hacer algo pues ya te diste por vencido antes de comenzar.

Hay personas a las que, ni por más que quiera ayudarles, reciben ayuda; pues son tan negativos que a todo le encuentran un pero y si les ofreces un trabajo de día lo quieren de noche, pero si se los consigues de noche entonces lo quieren de día, pareciera que andan buscando empleo sin querer hallarlo, ¿qué te parece?

Sin embargo, estoy segura y confiada de que no eres de ese grupo, sino no tendrías este libro en tus manos, ¿me equivoco? Sé que no. Entonces, manos a la obra y como buen punto de partida ponte un límite de tiempo para hallar ese trabajo que tanto necesitas, si es que tienes a tu favor recursos económicos y factor tiempo, sino entonces empieza por aceptar posiciones que ofrecen como temporales, pero con posibilidades de que te tomen permanente, posiciones de «entry level», o sea comenzando desde abajo pero muchas veces relacionadas con tu carrera técnica o profesional, obtenida en tu país de origen. No te estoy diciendo que tomes lo que sea, sino que investigues y aproveches las fuentes de información, ayuda y empleo disponibles, pero eso solo tú lo puedes hacer, depende de ti.

Vamos a comenzar con el medio más cercano a nosotros, nuestros amigos y familiares, empezamos con contactos informales y luego una llamada reiterándoles que estamos sin empleo y que, por favor, nos ayuden en esta búsqueda con información y referencias. Ellos pueden convertirse en nuestros ojos y oídos, te imaginas cuántos pares de oídos y ojos tuyos andan por ahí, úsalos a tu favor. Otro medio son las agencias de empleo que ya detallamos en uno de los capítulos de este libro.

Los anuncios de empleos disponibles en internet, periódicos locales así como los especializados en cierta materia, también son útiles; además, puedes ofrecer tus servicios, hay personas que lo han hecho y se han sorprendido de los resultados. Las carteleras informativas de tu supermercado, las escuelas, universidades, iglesias, organizaciones, hospitales y otras instituciones las usan efectivamente y las rotan cada semana.

Las bolsas de empleo y segmentos de la radio y la televisión, ¡ay mi amigo, si sabré de esto! Yo tengo seis segmentos de radio semanales con información de empleos y sugerencias para entrevistas de trabajo y vieras los resultados tan extraordinarios que recibimos de parte de la audiencia. Son cientos de personas las que hemos empleado a través de los anuncios de los diferentes medios de comunicación. Además de mencionarlos en el aire ellos los graban para que tengas acceso a esa información y tomes los datos con calma. Hay también las llamadas ferias de trabajo por parte de compañías u organizaciones de la comunidad. Así que mi querido lector, que no cunda el pánico, conviértete en un sabueso de información de empleos, ayúdate y ayuda a los demás.

Quiero dejarte una inquietud, por mucho tiempo he estado insistiendo con los radioescuchas y me he dado a la tarea de motivarlos a que organicen bolsas de empleo en sus iglesias y organizaciones. Muchos de ellos ya están recibiendo este servicio, ya que se los estoy enviando cada semana con empleos y eventos nuevos que se están llevando a cabo en nuestra comunidad y respondiendo a mi llamado así como trabajando conmigo para llegar con esta información a más y más personas. ¿No crees que esta es una buena oportunidad para recibir y dar información?

Inclusive hay librerías que están recibiendo información y exponiéndola ante sus clientes pero, además, ¿conoces al barbero? ¿Al tendero? ¿Al carnicero? ¿A la dueña de la lavandería? ¿A la dueña del salón de belleza? Pues esta es tu oportunidad de ser bendecido y de bendecir a otros. Esos son lugares con mucho tráfico de personas, mi amigo; ponte listo y haz la diferencia, ayúdame a ayudar a otros.

16

Documentos que necesitas para solicitar un empleo

Todos sabemos que para asistir a una entrevista de trabajo es importante una buena actitud y un resumé profesional, pero si te presentas sin los documentos necesarios darás la impresión de no estar bien preparado.

En las diferentes actividades de reclutamiento que las empresas realizan en colaboración con la agencia gubernamental con la cual trabajo, uno de los requisitos indispensables es que los candidatos que están aspirando a las diferentes ofertas de empleos que ofrecen se presenten con sus documentos personales; estos son:

1. La tarjeta del seguro social. Esta identificación estará contigo desde que naces hasta el día que mueres, es un número para toda la vida. Aparecerá en todos los documentos importantes y en tus cheques de pago, declaraciones de impuestos y más. Este documento le informa al empleador que estás autorizado para trabajar en el país. Por razones de seguridad es mejor que no la cargues siempre contigo sino en caso de una entrevista de trabajo pues el entrevistador querrá ver la original. Acto seguido, guárdala en un lugar seguro.

2. La licencia de conducir, es un medio de identificación con fotografía que muchas veces el empleador requiere. Este documento debe estar actualizado. Hay empleos que requieren que conduzcas un vehículo entre los que pueden estar camiones o equipo pesado. Cuando es para camiones grandes, debes tener la licencia que diga CDL, que no es otra cosa que licencia de conducir comercial y esta puede ser de tres tipos:

A, B, C, dependiendo del tamaño del vehículo que vayas a manejar o si estás autorizado para transportar pasajeros o material peligroso.

3. Certificado de nacimiento, en algunos casos el empleador pide este documento. Si la posición que deseas lo requiere.

4. Permiso de trabajo, en especial en caso de jóvenes menores de edad que quieran trabajar. Para ellos hay ciertas restricciones, esta información está disponible en el Ministerio del Trabajo. También para casos de extranjeros autorizados a trabajar en el país.

5. Certificado de antecedentes penales, este documento se puede solicitar en las centrales de policía de tu ciudad. Hay trabajos que requieren que tengas un récord limpio, como es el caso de algunos trabajos en los aeropuertos.

6. Diplomas y certificaciones que respalden tu preparación para ese trabajo en específico.

7. Registro del servicio militar, especialmente si es varón y mayor de dieciocho años, este registro es requerido por compañías que trabajan con dinero que proviene del gobierno y que requieren que la persona esté inscrita en el servicio selectivo del ejército.

8. No está de más que lleves cartas de recomendación. Aquí deseo darte una sugerencia muy importante y práctica. No esperes el momento de dejar el empleo para pedir una carta de recomendación a tu supervisor, deja que pase un tiempo prudencial y pídesela. Eso sí, no le dejes ni la menor duda de que es para irte de la compañía, dile que te la pide tu escuela

o tu organización. Yo he visto personas que trabajan mucho tiempo para una empresa y cuando están a punto de irse de esa empresa por razones equis entonces es que piden la carta y en el más común de los casos no se las dan. Así es que te aconsejo que te adelantes a los acontecimientos. Nunca se sabe, el campo laboral es muy dinámico y por qué no, cambiante.

9. Algunas empresas como joyerías, bancos y los cuerpos de policía piden tu historial de crédito. Si estás solicitando un trabajo de este tipo, es mejor que lo solicites con tiempo.

No corras el riesgo de llegar a un reclutamiento masivo y que te falte, por ejemplo, tu certificación original de manejar montacargas, pues el que sigue después de ti si lo tiene con todos sus demás documentos. Seguro que él tomará la oportunidad, se preparó bien para eso. No olvides que por un solo puesto de trabajo hay muchas personas solicitando.

Todos estos documentos debes guardarlos en una carpeta de plástico duro para protegerlos de que se maltraten, arruguen o se mojen.

No olvides que la **NITIDEZ** siempre es una regla de oro.

17

Cómo negociar el salario y los beneficios

Todo va corriendo sobre ruedas durante la entrevista de trabajo. Estamos casi seguros de que nos darán el empleo, pero todavía no oímos hablar nada del salario y nos estamos poniendo nerviosos, casi perdiendo el foco porque estamos horrorizados y no podemos abordar el tema.

Quiero que veas las cosas desde este punto de vista: si bien el empleador es el dueño o el representante de la empresa, tú eres el dueño y representante de la experiencia y preparación que puede ayudar a la empresa. Desde esa perspectiva, la entrevista de trabajo es más que eso, yo lo veo como una reunión de negocios; sí una reunión de negocios, tú y el empleador están sentados uno frente al otro en un mesa de negociaciones.

El candidato representa, además de un prospecto para la empresa, un signo de dinero. La compañía tendrá que invertir en él tiempo y dinero para entrenarlo, pues así estés solicitando una posición similar a la que tenías antes, en esta nueva fábrica, cada empresa tiene su propia visión y maneras muy particulares de administrar su negocio. Así es que tendrán que invertir en ti para que ocupes el cargo y lo hagas de manera eficiente. De igual manera, estás invirtiendo tu tiempo y tus metas personales como profesionales en esta compañía, así es que desde este punto de vista están al mismo nivel, en algún punto de la entrevista deben negociar el aspecto salario.

Hoy en día los anuncios clasificados ofreciendo un empleo por lo general especifican el salario o dan un rango, por ejemplo entre 30 y 35 mil dólares al año, también informan si ofrecen beneficios y en algunos casos los especifican con el objetivo de motivar a las personas a que soliciten. Si eres una persona que no deja pasar los detalles y toma en cuenta la información contenida en el anuncio del periódico, este dato te servirá de referencia para abordar con seguridad el tema del salario y los beneficios. Sé que no es fácil negociar el salario, pero es un punto más importante de lo que se piensa.

Si tienes idea de cuánto es lo que están ganando las personas que ocupan posiciones como la que solicitas, tomando en cuenta la experiencia, hay ciertos sitios en el Internet que proveen la información sobre las profesiones y carreras técnicas de más demanda y cuánto es el salario promedio que se les paga por hora o por año. Así mismo, debes saber los beneficios que negociarás con la empresa.

Los beneficios son como un valor agregado al salario, por ejemplo, yo no tengo un salario que asuste por lo extraordinario, pero mi paquete de beneficios sí lo es. Hay un momento único para hablar del salario y los beneficios, y es el momento de la entrevista. Si bien es cierto que a los cinco minutos de estar frente a frente con el empleador no estarás exigiéndole hablar del salario, tampoco lo dejes pasar hasta entrar en pánico y aceptar cualquier cosa pensando en que quizás ya estando empleado tengas oportunidad de hacerlo... ¡no te la juegues!

Es importante que además de los beneficios de salud, seguros, vacaciones y otros, le preguntes a tu entrevistador si la empresa otorga aumentos de sueldo tomando en cuenta tu desempeño así como también el incremento del costo de la vida. Son dos tipos de aumentos los que una persona puede recibir: uno para honrar su buen trabajo y otro relacionado con la inflación, un aumento típico de un tres por ciento anual solo cubre un poco los efectos de la inflación.

El empleado sobresaliente merece realmente ser reconocido y el jefe sabio sabrá motivar a este tipo de empleado para que continúe en la empresa. El aumento por reconocimiento a su labor es una manera de motivarlo a trabajar mejor y a permanecer en la compañía. Así es que el paquete de negociación, además del salario y los beneficios, debe incluir el aumento de sueldo por desempeño y el que cubre el incremento del costo de vida.

Estas cosas solo se aprenden cuando uno investiga. Tú tienes mucho que ofrecer, no te sientes a esperar la «bondad» de los demás. Yo no sabía esto, por ejemplo, cuando me empleé; pero a medida que he ido estudiando e investigando como profesional en Recursos Humanos, comprometida con la causa de informar a las personas, me doy cuenta de que en lo que respecta a asuntos laborales no todo está grabado en piedra.

Una alternativa: El autoempleo 18

En esta etapa de búsqueda de empleo, que no es otra cosa que encontrar una forma para poder vivir, no podemos dejar de analizar otras alternativas, y una de ellas es trabajar «por nuestra cuenta». Sin ánimo de ser pesimistas, debemos reconocer que a veces por nuestra falta de experiencia algunas compañías no nos pueden emplear, pero no te desanimes. Aunque hemos estado acostumbrados a trabajar para otros, también podemos hacerlo para nosotros mismos en un negocio propio.

Muchos de nosotros que venimos de nuestros países, donde trabajábamos por nuestra cuenta, nos encontramos que aunque tengamos la experiencia y la preparación académica, no es suficiente para los requisitos de una posición administrativa o ejecutiva, y no por este obstáculo nos vamos a derrumbar. Todo lo contrario, conozco muchas personas que al encontrarse precisamente con eso se vuelven creativas y buscan otras alternativas. Si te caracterizas por ser una persona emprendedora, puedes ser tu propio jefe.

Si estás contemplando la alternativa de un negocio propio, quiero sugerirte estos puntos para que los tomes en cuenta antes de tomar la decisión final:

Haz un «inventario» de tus recursos humanos y financieros:

✔Qué tipo de negocio deseas emprender
✔A qué mercado te vas a dirigir (clientela)
✔Localización

✔¿Necesitarás empleados desde el inicio?

✔¿Cuánto es tu capital de trabajo?

✔¿Puedes calificar para ayuda del gobierno o entidades financieras privadas?

✔¿Tienes las destrezas y el conocimiento para este tipo de negocio?

✔¿Serás capaz de ser perseverante?

✔¿Estás consciente de que un negocio propio requiere dedicación y que no se levanta de un día para otro?

Esto es apenas un esbozo, un punto de partida. En nuestras comunidades contamos con recursos valiosos como los que proveen las cámaras de comercio, ciertos programas para las minorías en las universidades, organizaciones comunitarias que organizan talleres para personas que desean poner pequeños negocios, etc.; el internet es un recurso valioso de información, ve a las agencias de gobierno que ayudan con este tipo de cosas.

Si en verdad estás interesado en considerar la alternativa de ser tu propio jefe, te sugiero que te vuelvas un «sabueso» en pos de la información y sé humilde, ten un espíritu enseñable, busca ayuda de las personas que ya han recorrido este camino antes. Muchísimos de ellos están compartiendo su experiencia con los que como tú apenas empiezan.

Al final de este capítulo utiliza la página que hemos dejado en limpio para que ahora mismo anotes tus inquietudes, las alternativas y un bosquejo de un plan de acción.

Yo no soy una experta, pero por lo menos te inquieto a que analices esta opción y busques la senda a seguir. INFÓRMATE.

TERCERA PARTE

ATRÉVETE A ALCANZAR EL ÉXITO

Todo es cuestión de actitud 1

Cada ser humano tiene el poder de hacer de su paso por la vida algo que merezca ser recordado o bien olvidado. No hay nada más que dos tipos de actitud: la positiva o bien la negativa, tú escoges. ¿Te has puesto a pensar seriamente que nuestro paso por la vida es muy corto? Tal vez no, pues escuchar constantemente que la vida es corta nos ha endurecido los oídos y, peor aun, no nos ha dado por reflexionar que pocas cosas son tan reales como esta.

¿Cuántos años tienes? ¿Como has vivido esos años? ¿Has tenido metas? ¿Las has cumplido? ¿Cuál es el balance actual de tu vida? ¿Te has planteado cómo te verás en unos años? Detente un momento a pensar en eso, antes de retomar la lectura…

Muchas personas constantemente viven tan envueltas en las cosas que hacen para su futuro que se olvidan de disfrutar lo que el presente —**que en realidad es lo único con que contamos**—, les ofrece y ni lo miran. ¿Te has puesto a pensar en esto tan sencillo? «**Tu futuro está encerrado en tu presente**», y así es, no lo dudes. Entonces, si lo único que tenemos es el presente, retomemos nuestra vida y decidámonos a tomar una actitud positiva.

No te estoy invitando a ser un derrotista, todo lo contrario, hay cosas que no las podemos cambiar; pero **tenemos el poder de cambiar nuestra actitud**. No me mal interpretes, no estamos llamados a aceptar las malas experiencias con resignación, sino a buscarles el lado positivo pues de otra manera nos amargamos y arrastramos a los que nos rodean en nuestra amargura, dejando como saldo que vivamos rechazados por los demás, ya que somos tan repelentes que huyen de nosotros.

El mundo ya está suficientemente enmarañado como para tener la «amabilidad» de soportar a las personas que caminan «atomizando» negativismo, ¡no, no y no! Eso es contagioso. ¡Cuidado! Vacúnate contra eso llamado actitud negativa con el antídoto de la actitud positiva.

Por ejemplo, algo personal y que tiene una importancia vital para mí es mi hijo Rodrigo. Él es soldado de combate del Ejército de Estados Unidos, está sirviendo en una tierra ajena y de lengua extraña para él, yo solo tengo dos caminos: declarar bendición sobre mi hijo, pensar que todo va a salir bien, que regresará a casa sano y salvo, aunque lo podré ver a fin de año, o bien tirarme en una cama, llorar por los rincones y vaticinar tragedia sobre él, sumergirme en el dolor de su ausencia y sumergirlo a él en un lago amargo de negativismo.

Yo decidí pensar y actuar positivamente, no puedo cambiar su situación como soldado lejos de nuestro hogar. Él tiene que cumplir su compromiso, yo no puedo hacer nada para traerlo a nuestra casa, pero puedo cambiar mi actitud.

Esto que planteo no es asunto de moda, de una corriente de positivismo, de una doctrina, es solo algo así como que me vuelvo un «ácido» o esparzo mi perfume de gozo y adopto una manera positiva de ver las cosas.

Eso se refleja en cada aspecto de nuestras vidas; la actitud positiva se nota al instante, aun sin que la persona haya articulado palabra alguna, solo la manera en que entra a un lugar, su sonrisa, su apariencia personal, la expresión de su rostro, dejan de manifiesto que el que se acerca es un triunfador.

Pero el negativo es como un vampiro dispuesto a chuparle la sangre a los demás y, por lo tanto, por más que trates de convencerlo, está empeñado en caminar bajo un nubarrón negro que arrastra con su actitud negativa, como si se tratara de esos cometas que los niños van halando de un hilito. Mientras no revises tu vida con honestidad, sin caretas y reflexiones en tu actitud, no experimentarás cambios.

Yo sé que estás desempleado hoy, que has empapelado la ciudad llenando solicitudes por todos lados, pero ¿has revisado tu actitud? Tal vez digas: «Mírenla a ella, como tiene trabajo…», un momento, si no **tomas otra actitud no tienes trabajo hoy y posiblemente tampoco lo tendrás mañana.**

Los empleadores, además de la experiencia y preparación en el área en que estás solicitando trabajo, toman en cuenta la **actitud del solicitante,** esto les ayuda a percibir con ese olfato tan especial que poseen los profesionales de Recursos Humanos de las empresas, el potencial del candidato y, por lo general, no emplean a la persona **correcta sino a la indicada.** Y no me voy a cansar de decir que en estas decisiones la actitud del entrevistado juega un papel importante.

Así que cierro este capítulo diciendo: «Todo es cuestión de actitud». Tú decides.

Me llaman ganador

2

Pocas personas pueden expresarse así de sí mismos y no precisamente porque son soberbios sino porque su actitud interior se manifiesta exteriormente como un cartel electrónico que va anunciando que delante de nosotros está pasando un ganador. ¿Y por qué esas personas se sienten tan seguras de sí mismas y se manifiestan como ganadores? Porque han podido establecer una relación «sincronizada» entre su vida interior, lo que son ellos con la manifestación exterior de esa vida interna, y el hacer.

Saben muy bien que primero deben trabajar en su casa invisible, la que se manifestará a través de su actitud ante la vida como seres humanos determinados a lograr sus metas, sus relaciones con los demás y el legado que dejarán. De sobra saben que cada ser humano tiene el PODER de influenciar su medio ambiente no solo con sus palabras sino con su actitud completa, por lo que no están dispuestos a hacerlo negativamente pues conocen que la vida tiene un límite de tiempo y cuando el «cronómetro» suene, ya nada se puede hacer. Han tomado la sabia decisión de darles vida a sus vidas.

Se ha escrito mucho sobre la actitud, pero en realidad los libros sobre este tema no han sido pensados en que solo sean eso, un libro, sino más bien una campana que resuene fuerte y sea capaz de sacarnos del letargo y evitar así quedarnos como espectadores.

He oído casi hasta el cansancio a las personas decir cosas como estas: «Ah, esa persona si sabe lo que quiere». Y luego lo que nunca me hubiese gustado escuchar: «Si yo pudiera ser como ella». Para luego desinflarse.

Me imagino con tristeza al autor esmerándose para llegar y revolucionar el corazón y, por ende, la vida de la gente, y su obra solo es como una burbujita que al minuto se diluye dejando una gotitas de agua enjabonada y luego desaparece y aquí no ha pasado nada. La primera persona que debe decidirse a vivir el papel protagónico de su vida eres tú mismo, sí tú mismo.

Por ejemplo, este libro lo escribí pensando en ti y deseo con todo mi corazón que no tenga efecto de burbuja sino de martillo, que rompa tus viejas y enmohecidas actitudes derrotistas, perezosas, ausentes y de negación.

Debido a mi trabajo me han enviado con otros compañeros a seminarios de motivación muy costosos y cuando entramos todos al salón veo decepcionada que poco a poco van escabulléndose de las diferentes charlas y al final del curso solo termino yo y ¿saben por qué? Porque esas oportunidades valiosas —no necesariamente por el costo de los seminarios— es muy posible que no las vuelva a tener en mi vida y mi actitud de crecer interiormente con la finalidad de ayudar a otros y enriquecerme con sus conocimientos y experiencia. Esos oradores han recorrido un camino que yo apenas estoy pisando y en ese andar han logrado dos cosas importantes:

✔Primero, saben quiénes son (el ser)
✔Luego, saben a dónde van (el hacer)

Así que solo de ti depende que simplemente te llamen ganador.

En tu primer día de trabajo 3

Mientras escribo esto me remonto a aquel precioso día en el cual —después de veintiséis años sumergida en el trajín de mi casa, con mi esposo y su trabajo y la crianza y educación de mis cuatro hijos— llegué toda oxidada al que prometía ser el trabajo ideal que Dios había dispuesto para mí. Con absoluta certeza, y después de casi cinco años de estar día a día desarrollándome profesionalmente, te puedo afirmar que ese primer día de trabajo marcó mi vida para siempre, como persona y como miembro de la fuerza laboral de este gran país.

Puedo asegurarte que a nadie más le temblaban las piernas como a mí, tenía maripositas en el estómago, y no precisamente de amor sino de temblor y de temor. ¡Qué tremendo reto!

A nosotros, los empleados del Departamento del Trabajo, que tenemos la responsabilidad de ayudar a las personas en su búsqueda de empleo, también se nos habla de una palabrita que encierra mucho esfuerzo «retention», que en español no es otra cosa que permanecer en el trabajo. Bueno, ahora vamos a enfocarnos en ese primer día de trabajo, que es determinante en nuestra carrera y nuestro esfuerzo para mantener el empleo.

Aunque soy profesional en el área laboral, no puedo amordazar mi manera sencilla y salpicada de humor para motivarte a que continúes leyendo y a tomar en cuenta mis palabras.

Si bien es cierto que el tema laboral no es nada chistoso, podemos hacer de nuestro trabajo una experiencia agradable y llena de gozo y, ¿por qué no?, de humor. Imagínate si yo me «acorazara» tras mi imagen superprofesional y mi trabajo perdiera el calor humano —eso sí, que nunca se pasa de la raya y guarda su lugar—, para poder ayudar a las personas que además de trabajo necesitan una palabra de aliento, y es eso lo que realmente le da sentido a mi vida profesional y a que las personas me busquen para que las ayude. Son desempleados, necesitan llevar el pan a su mesa, pero tienen emociones y un corazón que al mismo tiempo que palpita nervioso por la falta de ingresos necesita ser afianzado y motivado para obtener la confianza de que sí lo van a lograr.

El famoso primer día de trabajo debes tomarlo con calma, ¿por qué? Porque más que para demostrar el dechado de virtudes que eres, es un día de RECONOCIMIENTO del terreno. Ese día es importante para la empresa, pero no menos para ti. Por ello, he aquí algunos consejos:

✔Abre bien tus ojos y tus oídos.
✔Apaga la lengua.
✔Conviértete en un buen observador.
✔Identifica los grupos que se mueven en la oficina o lugar de trabajo, siempre hay «clics».
✔Identifica a los «poco diligentes», por llamarlos de una manera elegante, esos que siempre están «sobrevolando» el área para «asignarte» el trabajo al nuevo o recién contratado y cuando está hecho ellos se llevan el mérito.
✔No tomes a la ligera el grupo con el cual vas a almorzar, mejor deja pasar unos días, cuidado que por hacerte el popular te «enganches» con gente conflictiva. De que los

hay los hay, no te quepa la menor duda, cuidado te encajonan con ellos.

✔No te apures a demostrar tus habilidades y conocimientos desde el primer día, los «sabelotodo» caen mal y si es recién llegado peor. Sé cauteloso.

✔No te presentes como el salvador de la compañía ni como la última soda del desierto, sé humilde y verás que esto funciona mejor.

✔Identifica los grupos de «informadores y comentaristas», que no son otra cosa que los chismosos. Huye de ellos.

✔Conoce bien el orden de comando, quién es tu supervisor y así sucesivamente.

✔Anota tus responsabilidades básicas en una libreta para que no las olvides y cuando tengas oportunidad repásalas con tu supervisor.

✔Vístete adecuadamente, de acuerdo a tu trabajo.

✔Sé amable y cortés con todos pero... guarda la distancia.

✔No olvides que el lugar de trabajo es para trabajar y no para ir a hacer amigos, si al cabo del tiempo encuentras uno, cuídalo.

Estos, por supuesto, solo son algunos consejos que te ayudarán a realizar ese aterrizaje en tu nuevo lugar de empleo de una forma menos brusca y a mantener y mejorar tu posición de trabajo que tanto te ha costado conseguir.

¡Adelante!

EPÍLOGO

Para los que ya han leído mi libro *Vístete para triunfar,* solo quiero decirles con todo mi corazón: ¡Mil gracias! Pero también debo felicitarlos porque estoy segura de que este libro los levantó de sus sillas y hoy están más que dispuestos y completamente decididos a marcar la diferencia entre una entrevista de trabajo exitosa y una desastrosa.

Pues bien aquí está de nuevo Hada María Morales, esa autora nicaragüense que día a día —con la mejor disposición— le da la batalla al monstruito de siete cabezas llamado desempleo y desde un punto casi invisible en el universo también está dispuesta y decidida a establecer la diferencia entre una entrevista de trabajo exitosa y una desastrosa, entrenando sin desmayar a todos aquellos que están luchando por un futuro mejor para ellos y sus familias.

Hada María, creyendo con todo su corazón que la gracia de Dios ha sido su punta de lanza para caminar aun a pesar de las circunstancias, no se ha conformado con un territorio limitado y es por ello que Dios —contestando sus oraciones— se lo ha extendido a través de medios de comunicación masivos como la televisión internacional, la radio, la prensa escrita y los seminarios para llevar un solo mensaje:

«Dios nos da la visión, nos encarga una misión y nosotros somos responsables de ello con nuestra obediencia y PERSEVERANCIA».

Este libro, al igual que *Vístete para triunfar,* recoge en sus páginas su experiencia como empleada del Departamento de Trabajo de la Florida y su preparación académica como especialista en Recursos Humanos, adquirida con mucho esfuerzo, sobretodo por las barreras del idioma, en la Universidad de Miami.

Y ¿por qué este libro se titula *Atrévete a alcanzar el éxito*? SIMPLEMENTE porque ya es tiempo de ponernos en pie, es el tiempo PERFECTO para atrevernos a caminar con él.

Escogí también este título tomando en cuenta que así he llamado mis segmentos de radio sobre el tema «Cómo prepararse para entrevistas de empleo exitosas», que se trasmiten en el programa «La mujer de hoy», de mi querida amiga Normita Pinzón a través de CVC La Voz. Tanto los oyentes que reciben estos segmentos en mas de 200 emisoras, señal de onda corta e Internet, Normita y yo nos sentimos felices por la forma tan entusiasta en que están siendo recibidos, pero la verdad, como siempre digo es que: «La gloria es del Señor y los beneficios para nosotros».

Y si bien es cierto que con estos libros no estoy inventando el «agua hervida», y que no es la primera vez que se aborda este tema, puedo decirles que la forma en que lo expongo es desde cierta realidad, no viendo los «toros desde la barrera», sino lidiando con ellos. Toros llamados desempleo, tristeza, desesperanza, depresión y hasta deseo de parar el mundo y bajarse de él.

Querido lector, servidoras públicas como Hada María Morales hay muchas, pero personas como tú solo hay una y esa eres tú. ¿Por qué te digo esto? Porque los medios para salir adelante están disponibles y para no ir tan lejos están contenidos en parte en las páginas de este libro pero eres tú y solamente tú quien tienes la llave para salir del encierro y, con la gracia de Dios, extender tu territorio.

Aquí está este libro, escrito desde el mismísimo campo de batalla colmado de dinamismo, y quiero pedirte de todo corazón que lo tomes como lo que es: una herramienta para darle un batazo a la tristeza, la desesperanza y ponerse en la brecha DISPUESTO a conquistar TODO lo que Dios tiene para ti.

Solo me resta decirte: ¡ADELANTE!

Ya sabes, si tienes algún comentario o necesitas más información puedes escribirme a:

www.hadaresponde.com

Acerca de la autora

Hada María Morales nació en Nicaragua y ahora vive en Coral Gables, Florida. Ella ha escrito varios libros exitosos incluyendo *Vístete para triunfar* y *Mujer atrévete a ser feliz*. Hada María se ha especializado en Turismo, Relaciones Internacionales y Recursos Humanos. Por medio de la radio y la televisión ella da, en segmentos de cinco minutos, consejos sobre la imagen profesional y recursos de empleo. Siente el llamado de proveer información, ánimo y felicidad al desempleado.

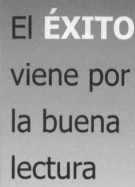